云南百位历史名人传记丛书

中共云南省委宣传部 ◎ 编

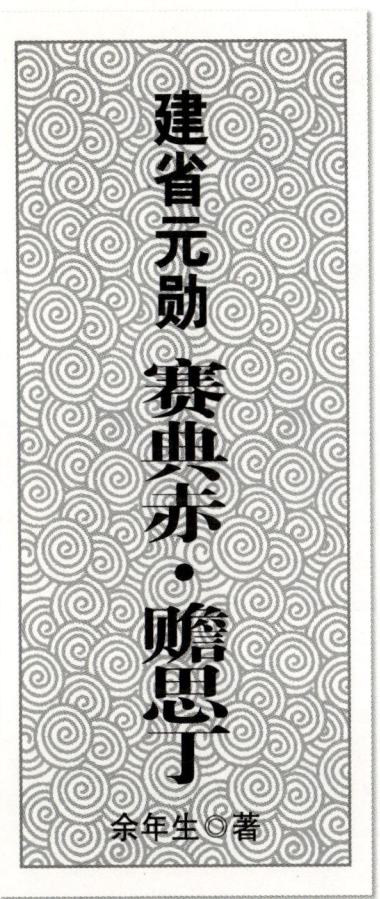

建省元勋 赛典赤·赡思丁

余年生 ◎ 著

云南出版集团
云南人民出版社

图书在版编目（CIP）数据

建省元勋——赛典赤・赡思丁/余年生著. -- 昆明：云南人民出版社，2019.3
（云南百位历史名人传记丛书）
ISBN 978-7-222-17979-0

Ⅰ.①建… Ⅱ.①余… Ⅲ.①赛典赤・赡思丁（1211—1279）- 传记 Ⅳ.①K827=47

中国版本图书馆CIP数据核字（2019）第011698号

出 品 人：李 维　赵石定
责任编辑：朱 颖
装帧设计：马 滨
责任校对：董郎文清
责任印制：李寒东

书　名	建省元勋——赛典赤・赡思丁
作　者	余年生 著
出　版	云南出版集团　云南人民出版社
发　行	云南人民出版社
社　址	昆明市环城西路609号
邮　编	650034
网　址	www.ynpph.com.cn
E-mail	ynrms@sina.com
开　本	889mm×1194mm　1/32
印　张	5.625
字　数	100千
版　次	2019年3月第1版第1次印刷
印　刷	云南新华印刷二厂有限责任公司
书　号	ISBN 978-7-222-17979-0
定　价	26.00元

如有图书质量与相关问题请与我社联系
审校部电话0871-64164626　印制科电话0871-64191534

《云南百位历史名人传记丛书》
编委会名单

主　任　赵　金
副主任　宣宇才　　蔡春生　　黄　尧
编　委　刘　荣　　王　岭　　范建华　　李　维
　　　　　　林文勋　　杨林兴　　陈友康　　杨正权
　　　　　　张　勇　　张昌山　　林超民　　余嘉华
　　　　　　谢本书　　吴宝璋　　李继红　　杨安兴
　　　　　　刘大伟　　李银和　　赵石定　　周　祥
　　　　　　王建南　　张平慧

总　序

丛书编委会

历史长河浩浩荡荡！中华文明自滥觞至汇聚千流，涵纳万水，奔腾迭起，云蒸霞蔚，延五千年之长史，至今生机勃然，是迄今世界上唯一保持完整且衍传有序、光耀于人类的伟大文明。

习近平总书记指出：一个国家、一个民族的强盛，总是以文化兴盛为支撑的。中华民族是具有非凡创造力的民族，我们创造了伟大的中华文明，实现中华民族伟大复兴的中国梦，必须弘扬中国精神。以爱国主义为核心的民族精神，以改革创新为核心的时代精神，是兴国之魂，强国之魂。

云南，是祖国西南神奇、美丽、富饶的宝地，是中华文明中极具特质和创造潜力的丰美之乡。云南少数民族文化是中华民族文化的重要瑰宝。长期以来，云南大地上，各民族和睦与共，相濡相生，共同创造了色彩瑰丽、形态多元、底蕴厚重、影响深远的历史文化，为我们留下了珍贵的精神遗产。人，是历史的镜子，是历史最生动的环节，人民是历史的主人和创造主体。在人类历史的进程中，一个个不同时期的代表人物产生过一些不同的影响。"云南百位历史名人传记丛书"就是这样一丛历史的记录，一百位历史名人，虽未必尽能概全，各位历史人物的代表性也不尽相同，但都是"追梦人"，是振兴民族伟大理想的传薪人、探索者和实践家。

在这些代表人物中，无论是拓土开疆的将帅勇者，还是蹈海酬志的大国使节；无论是志于传播文明的鸿儒巨擘、先哲贤士，还是为民族独立解放而高歌猛进、慷慨捐躯的群雄英杰，都贯注了这一重要精神。正是以他们为代表的云南各族人民创造并抒写了可歌可泣的英雄史章，熔铸了坚韧不拔、奋为人先、包容博大、敢于担当的精神品质，才使云南在中华文明的长史中闪耀着特有的光辉。尤在近代中国，在辛亥护国风云中，在反对外辱保卫祖国边疆维护民族尊严、抗击日本法西斯侵略中，云南站在历史前台，以中华群雄的不屈身影演出了一幕幕豪迈悲壮的历史大戏，也更涌现了一批足以彪炳史册、光照后人的杰出人物。这一切，给予中国历史进程深远的影响。

今天，实现中华民族伟大复兴之梦，谱写富民强滇中国梦的云南篇章，需要以中华文化发展繁荣为重要条件，这就需要接续这一光荣而伟大的精神传统,在继承中创新，在创新中发展，在发展中超越。云南正处于一个新的历史起点上，需要大力挖掘历史文化资源，聚合更强大的精神动力，为推动我省科学发展、和谐发展、跨越发展凝心聚力。为此，我们组织省内外专家学者编写出版了"云南百位历史名人传记丛书"。这对加强我省各族人民，尤其是青年一代对历史的了解、认同，爱国爱乡爱民并甘于奉献，对提升优秀精神品质，形成团结奋斗的共同的思想基础，坚定推进富民强滇的信心和决心，显然有着重要的现实意义和切实的助力。

一百位历史人物，所处历史时期并不相同，其历史作用也有差异，甚至就个人的全面历史评断方面也难以等量趋同。但我们以为这些留存史迹的人物，所以传扬至今，为后世崇奉，均有他们共同的历史向度和价值取向，我们学习这些历史人物，至少应当着重于以下几个大的方面，即："守大德、重大义、集大成、有大度、达大观"。

守大德，即恪守道德规范。"德者，本也。"（《礼记·大学》）"大德"既是国家民族的根本利益所在，也是中国文化中最核心的价值理念及标准。古语"行德则兴，背德则崩"，不仅是资政经验，也是个人修习完善的根基。所谓"厚德载物"，直观的理解，就是如果德行浅薄，是不能兴物成事，更不能造就伟大功业的。云南历史文化名人，大多以德立身，大节不移，并对此恪守坚定，一以贯之；始终保持正确信念和理想，并为之奋斗到底。这是我们首先要学习尊崇的。

重大义,即以国家民族利益的需要为个人行为取舍的标准。有大义,才有大爱。这些先贤无不爱云南爱乡土,以兴业乡梓、造福一方为己任。尤在国家民族命运攸关、生死存亡的关头,这些令人崇敬的先辈,大义擎天,逢难不避,敢于担当,责无旁贷,勇往直前,不惧牺牲。一个心存天下大公的人总会在不经意的一瞬决定大义的选择,这是社会进步的希望所在,更何况实现中华复兴的伟大梦想,还有很多异常艰危的事业在等待我们去克难攻坚。所以,举凡大义、为民为国、全身而进的精神是我们应当效法崇尚的。

集大成,"知类通达,强立而不反,谓之大成"。这些历史人物留下的足迹,予人深刻启迪。他们无论是出将入相,还是布衣一袭,均勤学不辍,求索不止,在追求真理和知识的道路上刻苦务实,义无反顾,永无终期,故能成大器,胜大任,不辱使命。今天,世界进入知识信息时代,软硬实力决定一个国家能否赢得发展机遇,乃至自立于强国之列的地位。其紧迫性不亚于先辈梦想中国富强的百年期许。但今天所谓"集大成",是更高更大更具有生存挑战性和发展战略性的,是集世界之"大成",集政治经济、科技文化、制度建设、社会发展等一切领域"总成",玉成中国梦的空前伟大的事业。所以,先人刻苦自律、博学精进的学习精神我们应当秉持继承。

有大度，即要有开放包容的胸怀。云南历史文化名人的一个共通品质，也是一个显著特点就是，即使身处僻远，总能破除狭隘与陋见，以宏大度量，兼容并包，接纳先进，吸收优异，团结一切可以团结的力量，聚合一切可以聚合的资源，总成一股创造历史的宏大动力，来完成伟大的事业。哪怕是割股舍己，也在所不惜。今天，云南要实现跨越式发展，保持开放包容的胸怀尤其重要。所以，先辈"天下云南"的大度我们应当弘扬光大。

达大观，即要眼观天下，达察全局，与时俱进，审时知变，敢为人先。推动云南社会历史进步的代表人物，无不目光远大，胸怀全局，对世界潮流、时代嬗变，都能审视洞悉，并欣然顺应规律，故能在历史转折的关键时刻做出正确选择，成就改天换地的一番伟业。古语有"小智自私""达人大观"，是将为个人谋私的小智谋与担当天下兴亡的大智慧尖锐对比而言的。否则，"其兴也勃焉，其亡也忽焉"。一个为民为国而应用心智的人，必然有达观天下的心怀，也由此激发潜能、超迈寻常，而使人生境界也更加美好而宏丽。遍观世界文明史，许多影响人类进步的伟大创新，正是以此为动力和起点的。今天，中国经济社会的快速发展，国家的日益强大，正为实现中华民族伟大复兴的中国梦开拓了无限广阔的道路，也为个人实现自身价值创造着更加富实的前景。所以，先辈们达观天下的精神我们应当引为楷模。

我们对志向高远、仰观天下、俯察民情、甘为路石、慨当以慷、求真务实的历史名人，心存景仰，并愿与千千万万的读者，尤其是青年朋友一道学习弘扬。

组织编撰"云南百位历史名人传记丛书"是一项重要的文化工程，编撰出版人员都做出了艰苦的努力，但由于众手修书，书稿层次不一，成书体例难以做到完全一致，对存在的不足敬请读者批评指正，我们将虚心接受，并在修订再版时一并吸纳修改完善。

目录 // MULU

◆ 楔　子

◆ 蒙古西征英雄东归

006 / 成吉思汗西征不花剌国
009 / 赛典赤率部归顺蒙古国

◆ 政治明星冉冉升起

014 / 赛典赤整治三州初涉政坛
017 / 赛典赤与忽必烈特殊情缘

◆ 运筹帷幄"斡腹之举"

024 / 宋蒙对峙难分难解
025 / 蒙哥筹划"斡腹之举"

◆ 元跨革囊攻灭大理

028 / 忽必烈巧渡金沙江

目录 // MULU

031 / 蒙古军攻灭大理国

◆ 危机四伏动荡不安

038 / 危机四伏西南动荡不安
040 / 宝合丁叛乱忽哥赤遇害

◆ 临危受命欣然入滇

048 / 忽必烈选贤任能定云南
053 / 赛典赤临危受命入边陲

◆ 敢为天下先首创行省

056 / 一飞冲青天鼎新革故
058 / 敢为天下先首创行省

◆ 迁移治所重建鄯阐

064 / 谋大局迁移行省治所

目录 // MULU

065 / 绘蓝图重建东都鄯阐

◆ 宅心仁厚以德抚滇

070 / 高风亮节礼服脱忽鲁
071 / 宅心仁厚义抚罗槃寨

◆ 睦邻安边捍卫主权

078 / 以德报怨睦邻安边
080 / 寸土不让捍卫主权

◆ 屯田安民惠及民生

082 / 雷厉风行屯田安民
084 / 苦心孤诣惠及民生

◆ 为民请命改良币制

088 / 为民请命一片丹心

目录 // MULU

092 / 精心谋划改良币制

◆ 开发矿产发展经济

096 / 开发矿产风生水起
097 / 发展经济富民兴滇

◆ 倡文兴教传播儒学

100 / 倡文兴教多元融合
104 / 传播儒学传承文明

◆ 治水润滇泽被后世

112 / 整治六河治水润滇
126 / 大功毕成泽被后世

◆ 体恤民情作风朴实

130 / 不耻下问作风朴实

目录 // MULU

132 / 心心念念体恤民情

◆ 筑路设站便民利军

136 / 励精图治筑路设站
137 / 劳力费心便民利军

◆ 彪炳千秋薪火相传

140 / 赤子之心名垂青史
146 / 薪火相传后继有人

◆ 附　录

154 / 附录一：赛典赤家谱
156 / 附录二：元朝云南行省所设的路、
　　　　　　府、州、县

◆ 主要参考文献
◆ 后　记

楔　子

　　七百多年前，祖籍布哈拉（今属乌兹别克斯坦）的赛典赤晚年来到云南。在六年的时间里，他鼎新革故、敢为天下先，在全国首创行省，为元朝在云南设立行省的第一任行政长官，是一位励精图治、勤政爱民、高风亮节的政治家和建省元勋。他为什么会不远万里来到中华内地，最后归宿于云南省的昆明？他跌宕起伏的一生始于七百多年前的一场战争……

在云南省昆明市中心鳞次栉比繁华的三市街，耸立着一座古典的牌坊，上书三个金光闪闪的大字："忠爱坊"。忠爱坊是为了纪念云南省历史上第一任行政领导人赛典赤而立的牌坊，"忠爱"是取其"忠于君而爱于民"之意，是云南省唯一一座纪念一个地方行政领导人的丰碑！

昆明市三市街的忠爱坊

七百多年前，赛典赤来到中国内地，晚年来到云南。在六年的时间里，他鼎新革故、敢为天下先，在全国首创行省，为元朝在云南设立行省的第一任行政长官，是一位励精图治、勤政爱民、高风亮节的政治家和建省元勋。在他的主持下将省府从羊苴咩城（今大理）迁移至中庆府鄯善（今昆明，又称押赤城、鸭池城），以德抚滇，关注民生，屯田安民，改良币制，殖兴矿业，兴文重教，改善交通，睦邻安邦。在云南省首建大型水利工程——松华坝水库，整治昆明六河。

云南出现了政治昌明、经济繁荣、文教兴盛、政通人和、边疆稳定、民族团结的新局面。

习近平总书记于2016年6月22日访问乌兹别克斯坦，在乌兹别克斯坦最高会议立法院发表的题为《携手共创丝绸之路新辉煌》的演讲中对赛典赤给予高度评价："13世纪晚期，祖籍布哈拉的政治家赛典赤·赡思丁曾担任中国云南行省平章政事。他兴修水利、开办学校、发展经济，受到当地人民爱戴。"

赛典赤的全名是：赛典赤·赡思丁（SaiyidAjall）·乌马尔（Umar）。赛典赤，按阿拉伯文的原意是"荣耀的圣裔"，也就是伟大的贵族的意思；赡思丁，意为"宗教的太阳"；而"乌马尔"是"长寿"的意思。

元朝时期大批回回人进入中原，初来时其姓氏均为其原来种族姓氏，为适应中国内地习俗，以后逐渐有人采用汉名。随着战争结束，社会逐渐安定以后，在华定居的第二、第三代开始，出现了明显的"华化"趋势，采用汉名便普遍起来。回回人所取汉名大体有几种情况：一是以原姓名中为首者为姓。赛典赤的后裔有的以赛、纳、速、剌、丁、忽、沙、乌、闪、米、保、哈为姓，如元曲家赛景初即取"赛"为姓。二是以原名尾缀为姓者，如著名诗人丁鹤年之父名职马禄丁，遂以"丁"为姓；赛典赤之子纳速剌丁，其后裔有以"丁"为氏者。三是在原名前冠以汉姓为汉回合璧者，如诗人哲马鲁丁，自署名"大食哲马"，原籍为阿拉伯。四是在原名前冠以回回姓而名取汉名，成为回汉合璧者，如曲家阿里耀卿、阿里西瑛等。五是以蒙古姓为姓者。元代时蒙古人是最高统治民族，采用蒙古姓为姓，对蒙古以外的各民族包括汉族而言是常有的事，回回人亦不例外。如著名翻译家察罕，赛典赤之孙、官至平章政事的伯颜等都是蒙古名。

赛典赤生于南宋嘉定四年（1211年），卒于至元十六年（1279年），享年六十九岁。据伊朗学者列扎·穆拉扎德在《伊朗、中国和伊斯兰世界都需要——重新认识赛典赤·赡思丁》一文中明确指出：赛典赤出生在布哈拉（今属乌兹别克斯坦）。

另据赵子元撰写的《赛平章德政碑》："云南诸路行中书省平章政事赛公，本乌孙国师之后。"乌孙国是西汉时由游牧民族乌孙在西域建立的行国，位于巴尔喀什湖东南、伊犁河流域，立国君主是猎骄靡。据《史记·大宛列传》："臣（张骞）居匈奴中，闻乌孙王号昆莫，昆莫之父，匈奴西边小国也。"当时西域地区的民族迁徙流动十分频繁，赛典赤的先人曾经在乌孙国生活居住是十分正常的事。赵子元，元朝云南中庆路（今昆明）人，白族，是赛典赤延聘的大理路儒学提举，与赛典赤生活在同一时期，他记述赛典赤是乌孙国师之后应该是可信的。

七百多年前，祖籍布哈拉的赛典赤为什么会不远万里来到中华内地，最后归宿于云南省的昆明？这一切皆始于七百多年前的一场战争……

蒙古西征英雄东归

　　花剌子模守城的官员杀害蒙古国商人和使者、破坏两国的商业贸易的行为，使蒙古国忍无可忍，成吉思汗决定使用武力解决争端，以维护和保证丝绸之路正常的商品交易秩序。赛典赤家族为了免遭蒙古占领军的杀戮，接受了成吉思汗的招抚，赛典赤随成吉思汗大军前往蒙古国。

成吉思汗西征不花剌国

铁木真生于公元 1162 年（另据朱耀廷《成吉思汗传》记载，铁木真生于猪年，即公元 1155 年）。公元 1206 年，铁木真统一蒙古漠北各部落，于斡难河（今鄂嫩河）建立大蒙古国，被推举为成吉思汗，史称"元太祖"。经过多年的南征北战，逐水草而居的蒙古人军力日益强盛，极具战略思想的成吉思汗把眼光投向了西边广袤肥沃的绿洲大草原。

花剌子模是中亚阿姆河下游的古国，原为波斯帝国的一部分。公元 1213 年，摩诃末统治的花剌子模已成为占有整个波斯、呼罗珊、阿富汗和河中的中亚强国，是一带一路上重要的国家。布哈拉是丝绸之路连接东西的一个重要节点，中国的丝绸、瓷器、茶叶，波斯和阿拉伯国家

草原蒙古包

布哈拉古城堡

的蓝宝石、红宝石、琥珀、金银器皿等东西南北的各种货物大量在这里集聚、流转、交易。

据邱树森主编《中国回族史》记叙,公元1218年,成吉思汗派遣马合木、阿里火者、玉速甫·坚客等三人出使花剌子模,不久又组成了一支四百五十人的庞大商队,带着大量金银沿着丝绸之路前往不花剌国进行贸易。

关于这支商队的情况,据元朝在伊朗家里的伊利汗国时期著名的政治家和历史学家拉什特丁·法兹鲁拉·哈马丹所著《史集》记载:"(成吉思汗)吩咐后妃、宗王们和每个异密(各)派两三名亲信带着金银巴里失跟随他们前去,到算端国内去进行贸易(换)取当地的珍品。(后妃、诸王和异密们)遂奉命每人从自己的下属中指派了一二人。(当时)集合起了四百五十个伊斯兰教徒。"

当蒙古商队到达锡尔河畔的讹答剌城时,花剌子模守城的官员亦难赤擅自做主,以间谍罪的名义杀害了四百五十名蒙古国商人,并劫掠了商队的全部财物,商队中仅有一名驱赶骆驼的脚夫侥幸逃脱。此后,又把成吉思汗派去进行和平商业谈判的蒙古使者杀死,并将两名从者毁容遣回。

对于花剌子模守城的官员破坏两国的商业贸易的行为,蒙古国忍无可忍,成吉思汗决定使用武力解决争端,以维护和保证丝绸之路正常的商品交易秩序。龙儿年(金兴定四年,公元1220年3月至4月初),成吉思汗的中路军进至花剌子模的布哈拉城下。

布哈拉,今属乌兹别克斯坦。位于泽拉夫尚河三角洲畔,沙赫库德运河穿城而过。该城是花剌子模最重要的城市之一,尽管布哈拉城既非首都,也非主要的商业城市,但在整个伊斯兰世界,被视为"高贵布哈拉"。因具有"为所有伊斯兰教徒带来荣耀与欢愉"的称号而知名于世,该城成为伊斯兰教的圣地之一。

蒙古军使用了当时最先进的武器——装在轮子上的巨大弩炮、投石机,投掷石头和射出燃烧的液体,后续人马则带着可伸缩云梯攻上塔楼,肆无忌惮地杀戮,守城的士兵尸积城壕,惨不忍睹。对于这场惨烈的战争,明朝宋濂编纂的《元史·太祖纪》中只有简单的十一个字:"十五年春三月,帝克蒲华城。"

据朱耀廷《成吉思汗传》记载,成吉思汗采取了"屠城"和"招抚"兼顾的手法。大部分守城的兵士战死,成吉思汗委派答失蛮（波斯语中"答失蛮"为"具有知识者"或"学者"之意，中亚地区以此为伊斯兰教长老的称号）哈只卜为使者劝花剌子模民众投降："如果归顺成吉思汗，你们的生命财产就可获得保全。"许多部落的不花剌人归顺了蒙古人。

赛典赤率部归顺蒙古国

初春，春寒料峭。极目远眺，达锡尔河上覆盖着厚实的白冰，远处延宕的山峦披着绵密的绒雪。广袤的草原一片银白，空中不时刮起的阵阵冷风呼啸着，卷带起细碎的雪花、砂砾、落叶、草屑。在灰蒙蒙的地平线上影影绰绰出现了一支骑兵队伍。为了族人免遭蒙古占领军的杀戮，赛典赤家族及部落民众接受了成吉思汗使者的招抚，愿意随成吉思汗大军前往蒙古国。

据宋濂《元史·列传·赛典赤·赡思丁》记载："太祖西征，赡思丁率千骑以文豹、白鹘迎降。"记叙了十岁的赛典赤归顺蒙古国的情况。

关于赛典赤家族成员归顺蒙古国的情况，各种史料有不同的记载。邱树森主编的《中国回族史》说："公元1220年2月，成吉思汗到达不花剌。守城将领突围南走，城中教长绅等出城纳款，其中包括赛典赤·赡思丁的祖父不花剌人赛典赤。"依邱树森之说，当时赛典赤·赡思丁的祖父不仅活着，而且还是不花剌归顺蒙古军的核心人物之一。关于赛典赤的父亲,《中国回族史》说:"成吉思汗西征时,有许多回回人率先归附,然后随蒙古军征战……不花剌著名人士赛典赤之子苦鲁马丁、孙赡思丁从蒙古军征伐,以功授官职。"邱树森对比域外史料,引用 14 世纪初,伊利汗国首相拉施特(亦作拉什特丁)编纂的《史集》,归顺成吉思汗军队的是"不花剌人赛典赤","忽必烈合罕的宰相不花剌人赛典赤"是"不花剌人赛典赤的孙子",就是说,率部投奔蒙古人的是赛典赤·赡思丁的祖父。另据钱大昕《济渎重建灵异碑跋》:"始祖赛天知苦鲁马丁,追封世王;子赛天知赡思丁,云南等处行中书省平章政事,追封咸阳王。"如果此说可信,则当年归顺蒙古国的赛典赤家族成员应该有赛典赤·赡思丁的祖父、父亲苦鲁马丁、母亲必比哈及赛典赤·赡思丁本人。但据纳为信、纳芳《赛典赤家谱与波斯中古世纪史》一文考证,称赛典赤的父亲是马哈木·可马乃丁,并推算在赛典赤七八岁时,其父离开人世。赛典赤的母亲必比哈"早罹共伯之悲,永励淑姬之节;抚存孤幼,乞用长成"。"共伯之悲"典故出自春秋时代(前 770—前 476 年)《诗经》毛诗序:"卫世子共伯早死,其妻守义。"必比哈接过了亡夫的重担,肩负起抚育独生子赛典赤的重任。

有的史料称赛典赤的父亲为苦鲁马丁,与纳为信、纳芳称其父为"可马乃丁"乃译音之细微差别。

成吉思汗以隆重的礼仪接待了赛典赤家族。为了表达敬意,赛典赤向成吉思汗敬献了产自西域的珍贵的一头文豹和一支白鹘。因为蒙古人长年累月骑马打仗，传递行军号令，发布昭告，为了好记好念，成吉思汗将赛典赤的全名：赛典赤·赡思丁·乌马尔简称为赛典赤，"以赛典赤呼之而不名"。

成吉思汗见赛典赤年少、天资聪慧，于是"命入宿卫，从征伐"。宿卫，即大汗的侍卫。按元朝的定制，宿卫诸军在内，而镇戍诸军在外，内外相互制衡，形成以制轻重之势。太祖成吉思汗时期，由木华黎、赤老温、博尔忽、博尔术为四怯薛，领怯薛歹分番宿卫。按其职责宿卫又分为四类：用于大朝会的称为"围宿军"，用于大祭祀的称为"仪仗军"，负责车驾巡幸的称为"扈从军"，负责守护大汗帑藏的称为"看守军"，负责夜间警戒的称为"巡逻军"，负责岁漕至京师用之以弹压的称为"镇遏军"。估计赛典赤担任的是巡逻军。

成吉思汗让赛典赤充任帐前宿卫云都赤有两个目的：其一，按照蒙古国的惯例，具有蒙古族血统的王公贵族之子，年轻时均需进入宿卫军，经过严格的训练，成为今后蒙古铁血军团的中坚力量；其二，是"入军为质"，成吉思汗是一个性情多疑的人，他担心那些归顺了的异族首领心存二心，为了避免他们日后反水，便让其子入宿卫军为人质，一旦某人叛变反水则惩处其子，这样可以达到对那些归顺者威慑威逼的作用，使其死心塌地为蒙古国效力。

随成吉思汗西征军东归的还有花剌子模的马合麻（善天文学，后授洪城公）、牙剌瓦赤（后为中州断事官）、木沙剌福丁、扎马剌丁、阿剌瓦而思、伯德那、鲁坤等许多才干卓著的回回人。"一代天骄"成吉思汗之所以能够驰骋欧亚、雄霸天下，除了武功盖世、军事谋略以外，不拘一格重用人才是他成功的秘籍。此次西征不仅为蒙古国扩张了万里疆土，而且为他的子孙带来了贤臣良将，为建立大元帝国奠定了坚实的基础。

　　十岁的赛典赤做梦都没有想到，就是这次与成吉思汗的邂逅，成为他一生的重大转折点，从此跟随蒙古人南征北战，他的命运将与大蒙古帝国紧紧地系在一起。更让他始料不及的是，晚年他的足迹竟然踏上了西南边陲的那片高原红土地，继而在遥远的西南边陲找到了自己最后的归宿。

政治明星冉冉升起

赛典赤初涉政坛,便显现了其"有宽宏之量、忠恕之心、量时度力、举无过事"的性格与才能,初出茅庐的赛典赤一展身手,成为一个年轻才俊的基层官员。机遇降临在这个年轻的色目人身上,历史选择了赛典赤,自此一颗政治明星在东方大地冉冉升起。

赛典赤整治三州初涉政坛

为了维护统治阶级的利益，元朝统治者把治下人民划分为蒙古人、色目人、汉人、南人四等。蒙古人是指蒙古高原的居民，包括未汉化的契丹人、女真人等。色目人是元代时对来自中西亚的各民族的统称，广义上讲，除蒙古人、汉人、南人以外的西北民族都算是色目人，包括被蒙古人征服并带入蒙古帝国的中亚突厥人、粟特人、吐蕃人、党项人、中亚契丹人、波斯人（花剌子模人）及少量阿拉伯人等，其中中亚突厥人地位最高，波斯人次之。汉人、南人则分别指金、南宋的遗民。汉人阶层包括已经汉化的契丹人、女真人、党项人，还有金及西夏的原住汉人也属于三等人，附属国高丽的民众也属于汉人层次。

赛典赤属于第二等的色目人，由于赛典赤勤奋努力，十九岁时便被元太宗窝阔台任命为丰、净、云内三州达鲁花赤。达鲁花赤为蒙古语，"镇压者、执掌印信独揽大权者"之意，为授职辖区内最高行政长官，丰、净、云内三州达鲁花赤相当于现代的州、市行政负责人。

丰、净、云内三州位于今山西大同西北至内蒙古包头东、乌兰察布市南、集宁西一带。丰州故城在今呼和浩特市东白塔村，净州在今呼和浩特市北之四子王旗，云内州即今呼和浩特市西土默特左旗。

据《归绥县志》记载：以呼和浩特为中心的丰、净、云内三州,"阴山为屏、黑河为带,东控北平、西连甘肃,南为山西门户、北扼蒙古之咽喉。居民商贾云集,四冲要地也"。自战国以来,这一地区一直是北方各少数民族政权争夺的重镇,其兴衰治乱,往往对周围广阔草原地区的政治、经济、生产、生活方面产生重大的影响。

当时,丰、净、云内三州原为金朝防御蒙古的军事要地,多年蒙、金相争,一直到公元1214年战争告一段落,为蒙古国据有这一带才平静下来。但是经过双方多年拉锯战,农牧业遭受严重破坏,民众流离失所,人口锐减,盗匪蜂拥四起。一直到元太宗窝阔台即位时还没有来得及治理。加之该地区处于自然条件恶劣的塞外,除呼和浩特以外,据《丰镇县志·气候》记载:"土高地瘠、天寒霜早,三月无花、四季少暖。夏始布谷、秋初刈麦,种既难早、收又恐迟。"当地老百姓生活十分艰苦,年轻的赛典赤,初出茅庐便面临严峻的考验。

赛典赤到任后,首先建立正常的社会秩序,肃清危害四方的匪患,制止豪强掠夺牧民牲畜及乱派夫役。招抚流亡,恢复集市,让城镇居民自由贸易和交换农畜产品。同时实施了元太宗即位时制定的实物税,即:牧民养马百匹者,只上交国家母马一匹,养牛百头只上交母牛一头,养羊百只只上交白色公羊一只;农耕者,每户每年只需上交麦豆两成。降低税负的政策极大地减轻了该地区广大农牧民的负担。

赛典赤在短时期迅速改变了丰、净、云内三州混乱的局面，社会面貌发生了很大改观。元初，名臣刘秉忠从内地到漠北，经过赛典赤治理的丰州，曾有《过丰州》诗一首：

  山边弥弥水西流，夹路离离禾黍稠。
  出塞入塞动千里，去年今年经两秋。
  晴空高显寺中塔，晓日平明城上楼。
  车马喧阗尘不到，吟鞭斜袅过丰州。

  可以看出，当时丰州农业经济、城镇建设、驿道交通迅速改观，"夹路离离禾黍稠"，"车马喧阗尘不到"，俨然一派生机勃勃、欣欣向荣的太平景象。

  元太宗窝阔台即位不久，便派军队继续追击已南迁的金朝。次年，即公元1230年，又亲率主力军大举南下，公元1234年金哀宗逃至蔡州自杀，金亡。在这期间，战事胶着激烈，蒙、金双方互有胜负，每当蒙古军受挫时都退往三州地界进行休整。元太宗窝阔台通过在中原部分汉地推行税赋制度，将每年征收的大量白银、布帛、粮食等存放于赛典赤管辖的大同等地，使该地区成为蒙古国对金朝、宋朝南伐作战储备、转运粮食、布帛、器械等军需物资后勤供给的重要基地。取胜时，则将大量缴获的物资源源不断地运往这里，然后再转运漠北，为兴建和林（今蒙古哈尔和林）万安宫做准备。赛典赤合理地使用役力、有序调配物资，有条不紊地完成大量物资的储运工作，为发展经济、稳定后方及蒙古灭金攻宋的战略做出了重大的贡献。

初涉政坛,赛典赤便显现了其"有宽宏之量、忠恕之心、量时度力、举无过事"的性格与才能,因而一直得到蒙古国高层的提拔与重用。尔后,赛典赤又改任太原、平阳二路(太原路,即今山西太原一带;平阳,即今临汾)达鲁花赤。

初出茅庐的赛典赤一展身手,成为一个年轻才俊的基层官员。机遇降临在这个年轻的色目人身上,历史选择了赛典赤,自此一颗政治明星在东方大地冉冉升起。

公元1251年宪宗蒙哥即汗位,命塔儿、斡鲁不、察乞剌、赛典赤、赵璧等诣燕京,抚谕军民,以牙老瓦赤为燕京等处行尚书省事,赛典赤、匿咎马丁为副手。公元1253年,赛典赤升迁为燕京路总管,亦政绩卓著、有口皆碑,故擢升采访使,专门负责调查民间疾苦和对地方官员业绩的考察。公元1256年蒙哥征蜀,赛典赤负责供应大军所需巨额粮饷未曾有失。

赛典赤与忽必烈特殊情缘

忽必烈与赛典赤有一番特殊的情缘。

忽必烈还是藩王时总管汉地军事,在漠南金莲川建藩府,有志于建立霸业,欲扩充自己的私人军队,蓄养死士、招募谋士、购置马匹器械等,需要不菲的经费支持他的野心,但由于财粮不多难以实现。

太宗窝阔台任命二十九岁的赛典赤为燕京札鲁忽赤（在蒙元初期，中书省与枢密院都设有"札鲁忽赤"，秩正三品，是成吉思汗在当年颁布《大札撒》，即蒙古大法令时设立的官衔。在蒙元时期，断事官是个特殊的职位，除了负责对属民的分配和掌管刑政狱讼，另外还兼管财政，原本并无关联的两项政务竟集合于一体）。赛典赤利用担任断事官的条件，常常为忽必烈提供钱粮物品，这大大充实了忽必烈的实力，对其建立霸业起到了有力保证。

赛典赤为什么要资助忽必烈呢？

赛典赤自归顺大蒙古国以来，兢兢业业、战战兢兢、谨慎处事、洁身自好，不仅没有什么过失，而且还立下不少战功。但是，赛典赤看到，自从公元1227年成吉思汗过世以后，在十八年的时间里，大蒙古国就更换了三位大汗，像走马灯似的，令人眼花缭乱。太宗窝阔台五十六岁去世，在位十三年。定宗贵由汗英年早逝，去世时年仅四十三岁，在位仅三年。眼下蒙哥登上了汗位，今后还不知道局势会怎样发展，生活在夹缝中的赛典赤忧心忡忡。所以，除了尽心尽力圆满完成几届大汗交给的任务以外，赛典赤暗中观察、积极寻觅潜在的新兴政治势力，以保证日后国家的生存与发展。根据他的长期观察与分析，宪宗蒙哥的品行不错。宪宗七年，回鹘献水精盆、珍珠伞等物，大约值银三万余锭。蒙哥却说："方今百姓疲弊，他们更急需钱粮，我不能独自占有这些财物，还是将这些财物交归国库吧。"赛典赤大为感慨，感慨之余，觉得蒙哥是个洁身自好、有仁者之心的君主，但缺乏王者的风范。而忽必烈雄才大略，广揽人才，颇具实力，是草原上一颗冉冉升起的政治新星。赛典赤不顾朝廷官员不得与外藩亲王结党营私的严厉定规，冒着巨大的政治风险，暗地里长期为忽必烈输送财物，继而成为忽必烈的心腹和政治密友，同时成就了千古一帝的丰功伟业。

关于赛典赤私下资助忽必烈之事，原本是一桩秘密之事——这成为赛典赤一生心中的秘结，日后却被公之于众，而且还是出自忽必烈之口；若非忽必烈皇帝亲口披露，可能这个天大的秘密将被尘封于漫漫的历史中。

据宋濂《元史》记载，忽必烈对于赛典赤的功绩念念不忘。忽必烈登基做了皇帝以后，时常告诫臣子们要效仿赛典赤的忠诚不贰。在赛典赤逝世十年后，有一次他召集几个近臣议事，他又旧话再提，竭力夸赞赛典赤："宪宗在位时，赛典赤就经常私下资助朕粮草、经费，他是个大大的忠臣啊！你们都要好好向他学习！"众人皆俯首帖耳，唯唯诺诺。

唯有翰林学士不忽木大声质问道："陛下此言差矣！如果今天做臣子的都像赛典赤那样身在曹营心在汉、心怀二意、暗通款曲，以内府财物私结亲王，岂不乱了朝廷章法，陛下您以为如何？"

此话一出，四座皆惊，大家都以为不忽木今天当着众人的面公然顶撞皇上，肯定少不了要吃罪。

不忽木，一名时用，字用臣，刚直不阿，廉洁勤政。

有一年，元军征讨交趾国（又称安南、今越南北方）失利，忽必烈向众大臣问计。不忽木建议趁交趾国国王陈日燇新近袭位，派遣使者晓之以理，如果其置之不理，再行发兵。忽必烈采纳了不忽木的建议，结果交趾国国王敬畏天威，遣使谢罪，"尽献前六岁所当贡物"。忽必烈大喜过望，欲将该国贡物的一半赏赐给不忽木，不忽木坚辞不受，最后在忽必烈的劝说下，他仅仅挑选了沉水假山、象牙镇纸、水晶笔格三件礼物。

面对不忽木的质问，忽必烈的脸红一阵、白一阵，自觉惭愧，无地自容，连忙摆手说："爱卿说得有理，说得有理，朕失言了、知错了！"

赛典赤"常阴资"的行为绝非个人礼节性的、小数额的、场面上的应付。对于这种行为，不忽木说得十分清楚，赛典赤是用国库的财物私下支持藩王忽必烈，"以内府财物私结亲王"，"乱了朝廷章法"。

因为赛典赤与忽必烈有如此特殊的关系，所以忽必烈更加倚重于他。及至忽必烈执政时期，赛典赤的工作被频繁调动，甚至一年之内多次调职，简直成了皇帝的救火急先锋，哪里事态紧急，忽必烈就将他安排到哪里，而赛典赤却总是无条件服从，毫无怨言，君臣两人相互配合十分默契。

中统元年（1260年）三月，忽必烈在开平称汗，朝廷立十路宣抚司，以赛典赤、李德辉为燕京路宣抚使，徐世隆副之，是年赛典赤四十九岁。中统二年（1261年）五月，燕京行中书省并入中书省；六月四日，赛典赤以燕京路宣抚使入吏户礼三部尚书；十七日，旋即擢升赛典赤为中书平章政事。忽必烈制辞大加褒奖："两朝眷遇，事凡精勤，常办集于军前，能经营于意外，欲旌成绩，宜处台司，当奉至公用遵大体，尽尔替襄之力，副予委任之诚。"元朝于中书省、行中书省置平章政事。元代的行中书省置平章政事，为地方高级长官，简称平章，从一品。五十岁的赛典赤正式进入大蒙古国的决策中枢。

中统三年（1262年）三月，忽必烈命户部尚书刘肃专职钞法，平章政事赛典赤兼领之。五月，赛典赤以平章政事兼领工部及诸路工作。六月戊寅，以陕西行省平章赛典赤等政事修治，赐银五千两。十二月辛酉，又下诏任命赛典赤为四川行枢密院为行中书省，以赛典赤、也速带儿等佥行中书省事。

中统五年（1264年）七月，诏四川行省赛典赤自利州还京兆。

中统六年（1265年）九月，赛典赤任行陕西五路西蜀四川中书省事。

中统八年（1267年）五月乙丑，蒙古军兵围困守襄阳的南宋军，赛典赤、郑鼎提兵，水陆并进，直趋嘉定。汪良臣、彭天祥出重庆，札剌不花出泸州，曲立吉思出汝州以牵制之。改签省也速带儿、郑鼎军前行尚书事，赛典赤行省事于兴元，负责军粮供应。

至元元年（1264年），忽必烈置陕西五路西蜀四川行中书省，设置该行省的目的主要是准备对南宋用兵，需要有一个稳定的后方基地。当时元宋相峙于两淮、襄汉以至川中一线，两淮多水网，不利于蒙古军用兵，且宋军驻有重兵，只有襄汉最容易突破。所谓："襄者，东南之脊，无襄则不可立国。"但是宋军在襄樊亦有强大兵力，要形成对襄樊的包围与攻击，必须在其北部建立强有力的后勤基地。忽必烈便任命赛典赤出任平章政事，主要任务是理财备战。赛典赤不辱使命，"莅官三年，增户九千五百六十五、军一万二千二百五十五、钞六千二百二十五锭、屯田粮九万七千二十一石。中书以闻，诏赏银五千两，仍命陕西五路四川行院大小官属并听节制"。赛典赤为进围襄樊的蒙古军提供了充足的战略物资，至元五年（1268年）正月，陕西四川行中书省建造了五百艘战船提供给围攻襄阳的蒙军将领刘整。至元七年（1270年），蒙古军完成了对襄樊两城的包围。至元八年（1271年），赛典赤参与了对襄阳的围攻，并负责粮饷供给。

运筹帷幄"斡腹之举"

如果说当年郭宝玉"斡腹之举"的建言还是纸上谈兵,那么蒙哥的重大战略决策,却是具体可行的战略战术,它吹响了蒙古国进攻西南及大理国的进军号,将改写云南未来的历史,为日后赛典赤入滇主事结下了情缘,并决定了他的命运与归宿。

宋蒙对峙难分难解

先分析一下蒙古国后期的天下大势。

成吉思汗逝世两年之后,窝阔台成为大蒙古国新的大汗,史称元太宗。在元太宗登上汗位的十多年内,大蒙古国征战频频,内乱动荡,汗位更替频繁。元太宗十三年(1241年),太宗窝阔台死于征伐南宋的途中,享年五十六岁,葬起辇谷,在位十三年,追谥"英文皇帝"。窝阔台去世后,汗位争夺十分激烈。公元1245年窝阔台之子贵由即汗位,史称元定宗。

公元1232年,监国孛儿只斤·拖雷率军击败金军,在回师漠北途中病逝。其子孛儿只斤·蒙哥即位后追上尊号,谥"英武皇帝",庙号"睿宗"。至元二年(1265年),孛儿只斤·忽必烈在位时被改谥为"景襄皇帝"。至大二年(1309年),加谥"仁圣景襄皇帝"。

孛儿只斤·拖雷的正妻唆鲁禾帖尼生了四个儿子:孛儿只斤·蒙哥、孛儿只斤·忽必烈、孛儿只斤·旭烈兀和孛儿只斤·阿里不哥。

公元1248年,定宗贵由汗去世,享年四十三岁,在位三年,葬起辇谷,追谥"简平皇帝"。贵由去世后,蒙哥于公元1251年登上了汗位,史称元宪宗。此后,大汗位由窝阔台系转到拖雷系。内乱既定,蒙哥决定完成太祖成吉思汗的宏大遗愿,南下征讨宋朝。

当时宋朝与蒙古国处于正面冲突、军事对峙的胶着状态。为了尽快灭宋，蒙古国采取了"斡腹之举"。所谓"斡腹之举"，是当年太祖成吉思汗征询进取中原之策时，谋士郭宝玉提出的建议。

郭宝玉，字玉臣，华州郑县人，唐中书令郭子仪的后裔，精通天文、兵法，善骑射。当时，郭宝玉说："中原金国兵强马壮不可忽视，以我国目前实力不能与之正面抗衡。臣闻西南诸蕃勇悍可用，宜先取之，可以借助他们的力量再图金国，必能逐鹿中原。"这便是当年郭宝玉向成吉思汗进献的"斡腹之举"。但是因为成吉思汗逝世这一计划没有实施。

蒙哥筹划"斡腹之举"

蒙哥执政时金国已被蒙古灭亡，重新实施"斡腹之举"正当其时，一则，可扩大蒙古帝国之疆域；二则，西南当地僰人、爨人勇猛剽悍，可为蒙古军补充兵源，进而实施南北夹击之攻略，使南宋首尾不能兼顾。于是蒙哥便决定派赋闲多年的忽必烈领兵出征。

忽必烈是蒙哥的第二个弟弟，于公元1215年9月降生在漠北草原，此次忽必烈正式获得兵权踌躇满志。

中世纪的蒙古人以游牧为生，为了保护自己的家园，守护与扩大生存空间，抗击外族的入侵，早期就建立了由蒙古军、探马赤军组成的军队建制。探马赤军由各个部落组成，相当于常设军队，而蒙古军则由民众组成。按照蒙古国的规定，全国实行全民义务兵役制，每户人家的男子，凡十五岁以上、七十岁以下者，都要入籍为兵，每十人为一牌，设"牌头"。一旦战争爆发，则随军出征，战事停歇则屯聚牧养。当蒙哥大汗下达征兵昭示后，便集合了七万人马，号称十万。

元宪宗二年（1252年）九月，秋高马肥，天清气爽，忽必烈厉兵秣马，率领南征大军踏上了大迂回的征程。只是为了保密，对内对外都只宣称大军的任务是从侧翼进攻驻守在四川的南宋军队。

如果说当年郭宝玉的建言还是纸上谈兵，那么蒙哥的重大战略决策，却是具体可行的战略，它吹响了蒙古国进攻西南及大理国的进军号，将改写云南未来的历史，为日后赛典赤入滇主事结下了情缘，并决定了他的归宿。

元跨革囊攻灭大理

忽必烈亲自率领蒙古大军乘皮囊巧渡金沙江。蒙古大军,历经两年,纵横三万里,攻灭大理国,圆满实现了蒙哥策划、忽必烈实施的"斡腹"战略目标,为建立大元帝国奠定了坚实的基础,创造了冷兵器时代中外战争史上最辉煌、最宏大的陆路远距离、大兵团迂回征战的典型范例,可称亘古未有。

忽必烈巧渡金沙江

元宪宗三年（1253年）八月，蒙古军横渡洮河，越过吐蕃人占领的地区，到达四川境忒剌。忒剌，即现松潘，位于四川省阿坝藏族羌族自治州东北部，是历史上有名的边陲重镇，被称作"川西门户"。

在忒剌，忽必烈决定将蒙古军分东、中、西三路南征大理。东路由抄合、也只烈将军领军三万，采取声东击西的方法，先出西昌、叙州（今宜宾）、姚安，预防四川宋军攻击蒙古军左翼，尔后再回折大理。西路由兀良合台与阿术领军三万，从理塘、乡城、巨甸、石鼓入丽江。忽必烈亲自率中路军四万居中调停，从木里、永宁、丽江大举进击大理。

公元1253年，癸丑秋，由忽必烈带领的中路军翻越大雪山，过大渡河，在深山峡谷中行两千余里，自旦当岭入云南境，历经艰难来至金沙江北岸。忽必烈亲自率领蒙古大军乘皮囊巧渡金沙江。五百年后，清朝处士孙髯翁在其蜚声海外的大观楼长联中曾有"元跨革囊"之句，说的就是这段经历与典故。

公元902年，南诏政权崩溃之后的三十六年中，原南诏的疆域处于四分五裂的状态，先后出现了三个小王朝，即长和国、天兴国、义宁国。后晋天福二年（937年）十二月二十一日，南诏名将段俭魏的六世孙、义宁国通海节度使段思平联合东爨乌蛮三十七部攻入羊苴咩城，驱逐了自立为王的杨干贞，改国号为"大理"。大理之名与南诏时期甚至更早出现的"大厘""大礼"的名称有关联，大理的"理"和"厘""礼"字形相异而音相近。自段思平建立大理国开始，就将王国都城定名为大理，于是"大理"既是政权的名号，又是都城的名称。在元代，大理还被称为"哈剌章城"。由于举国上下君民笃信佛教，大理国又称妙香国，改元上元。

大理崇圣寺

这羊苴咩城的名字颇为有趣，此命名与羊有关。"苴"即幼小之意，"咩"就是羊羔唤母羊的稚嫩声音。这足见羊与大理民众的日常生活息息相关。

大约公元前4世纪左右，中国开通了南方丝绸之路。从成都到达大理的路线有两条：西线经雅安、西昌、盐源、会理、大姚，被称为"灵光道"。东线经乐山、叙州、乌蒙（今昭通）、曲州（今曲靖）、鄯阐、威楚（今楚雄），被称为"五尺道"。从大理经永昌（今保山）、腾越（今腾冲）入缅国、天竺的一段称为"博南道"。两千多年前，自车里（今西双版纳）至吐蕃有一条茶马古道，是滇、川、藏进行商业贸易和文化交流的重要通道。茶马古道向西经云县、凤庆到达大理，再往北经丽江、中甸进入吐蕃。大理成为南方丝绸之路和茶马古道的交汇点。特殊的地理位置使大理成为南来北往物资的重要集散地。

统一后的大理国设置的府、郡有：鄯阐府（管辖今滇中地区），威楚府（管辖今楚雄州一带），统矢府（管辖今姚安、大姚、永仁一带），会昌府（管辖今四川会理上下周围地带），建昌府（管辖今四川西昌上下周围地带），谋统府（管辖今云南鹤庆上下周围地带），永昌府（管辖今保山上下周围及德宏东部、临沧市一带），腾冲府（管辖今云南腾冲以西、德宏至伊洛瓦底江上游地带），善巨郡（管辖今云南永胜、宁蒗、丽江等地），河阳郡（管辖今云南澄江、江川、玉溪、路南等地），秀山郡（管辖今云南通海以南至红河州一带），石城郡（管辖今云南曲靖地区至滇东北、黔西的盘县、普安、普定一带），兰溪郡（管辖今云南兰坪以西的怒江州），胜乡郡（管辖今云南永平、漾濞一带），天水郡（管辖今云南凤仪至弥渡一带），香城郡（管辖今四川盐源、盐边一带）。大理国为当时中国较为强盛的地方政权。

段思平自文德元年（937年）灭大义宁国，始创大理国以来，相传二十二世，历经三百一十六年，大理国传至段兴智时，上层统治集团内部争权夺利，纷争不断。布燮（宰相）高祥专权弄柄、欺上瞒下，自封"中国公"，而大理国国王段兴智实际已经只是个傀儡。大部分部落对高氏的独断专行、欺压盘剥怨声载道、痛恨不已，大理国内部混乱的局面为蒙古军攻灭大理国创造了有利条件。

大理崇圣寺三塔

蒙古军攻灭大理国

大理国的一些小的部族早就对高氏横征暴敛、欺压他族的行径忍无可忍。在蒙古大军猛烈的攻势下，附摩（今摩梭人）、么些（今纳西族）二部酋长唆火脱因、塔裏马来迅速归降了蒙古军，并且还作为进攻大理的向导。为安抚、表彰归顺的么些人首领阿良（即麦良），忽必烈封阿良为茶罕章管民官,后又升为茶罕章宣慰司、副元帅。管辖之地有:越析郡、伯兴府、永宁府、北胜府、滇藁州、罗罗斯、白狼、棻木夷等地,其势力范围包括滇西北及四川、西康所属的若干地区,并且还赐予他大量礼物。其中,包括一队乐工和一些乐谱。乐器有苏古笃、曲项琵琶、双簧竹管乐器波伯(芦管),还有竹笛、大提胡、中胡、小叫胡、三弦、五音云锣、中锣、小镲、铙、大钹、锣、板鼓、提手、木鱼、磬等等。相传白沙细乐主要由《笃》《一封书》《三思吉》《阿丽哩格吉拍》《美命吾》《跺磋》《抗磋》《幕布》等八个乐章组成。白沙细乐的曲调大多为羽调式,包括五声性的七声音阶、六声音阶,个别部分运用五声音阶,如《三思吉》。白沙细乐中也有节奏缓慢、风格柔婉、旋律清越流利的曲调。

兀良合台带领的西路军势如破竹,接连攻取大理国

大理城

诸城寨，元宪宗三年（1253年）十二月十二日，忽必烈、兀良合台会师大理龙首关（即大理上关）。

羊苴咩城是早年南诏王异牟寻选定的都城，后来大理国兴，亦将其定为都城。羊苴咩城处于苍山的缓坡地带，方圆十五里，只有南、北两道城墙。北城墙依梅溪修建，南城墙依龙泉溪修建，溪水深沟成为天然的护城河。西依苍山为屏障，东据洱海为天堑，地势十分险要，易守难攻。

忽必烈曾经两次派出使者与大理国谈判皆被杀害，便下令蒙古军攻城，怎奈羊苴咩城城坚壕深，大理国守军顽强抵抗。蒙古军兵士死伤惨重，攻城几日终不能破，这是蒙古大军自远征以来遭遇到的最大失利。忽必烈只得下令暂时撤兵。为观察战事，忽必烈将自己的中军大帐安排在苍山半腰的无为寺旁，站在这里鸟瞰大理坝子一览无遗。忽必烈曾经亲手在寺内种下五株香杉树，至今尚存活一株，虽然已老态龙钟，却也郁郁葱葱，见证了七百多年前的这段历史。

忽必烈命令兀良合台、阿术继续在龙首关佯攻，自己则亲自带领一万精兵从苍山顺势而下。大理国布燮高祥挡不住蒙古军的猛烈进攻，只得挟持国王段兴智弃城向东而逃，蒙古军遂攻下羊苴咩城。

蒙古军在大理休整月余之后，忽必烈率兵乘胜追击至姚州（今姚安），擒获高祥并将其处死。次年初，忽必烈率领部分蒙古军北上返回，留下兀良合台继续征讨大理国境内尚未归附的诸部，并任命刘时中为宣抚使。

公元1254年春天，兀良合台率领蒙军离开羊苴咩城后，采取声东击西的策略，先是派遣一支骑兵直趋鄯阐，做出即刻要攻城的样子，使得鄯阐城内的大理国君臣惶惶不安，据城固守。兀良合台自己则亲自率领蒙军主力扫除横亘在羊苴咩城与鄯阐城之间的大理国据点。首先发起攻击的对象是合剌章城（在今云南元谋与武定间）。接着，兀良合台率军进抵大理东部重镇罗部府（今云南武定）。大理国大将高升在这里召集起一支颇具实力的由大理诸部组成的军队准备与蒙军决战。怎奈蒙军野战能力极强、战术灵活多变，大理军抵挡不住，最后高升军在夷可浪山下被兀良合台的蒙古军击溃。

兀良合台率兵继续东进，兵临大理国的东都鄯阐，激战七天七夜，蒙古军攻破北城门，段兴智在小叔信苴福的陪同下，带领小股人马仓皇出城，连夜向东南逃窜。蒙古兵穷追不舍，至昆泽（今宜良）的一个彝族寨子将人困马乏的段兴智叔侄等人擒获，段兴智叔侄只得归顺蒙古国，自此大理国灭亡。段兴智向兀良合台献出大理国东部乌蛮、白蛮等三十七部的地图，并与信苴福率僰、爨军二万为前锋，引导兀良合台讨平未归附的诸郡。宪宗闻报大喜，赐段兴智为摩诃罗嵯（即"大王"），命其仍然主管诸蛮白爨等部，以信苴福领其军。宪宗八年（1258年），段兴智调集万余人白族子弟为主的军队，称为"寸白军"，随兀良合台蒙古军北上，他们先后攻占了广西、贵州、湖南的许多地方。于十二月进至鄂州（今武昌），与忽必烈南下大军会师，完成了蒙古国原定灭大理国后，从西南对南宋政权实行包抄的计划。由段兴智带领的部分寸白军，在攻破鄂州后，沿长江而上，到达湖南桑植等县后滞留并定居，成为当地的白族人，其后裔繁衍为数万人，至今已七百余年。此亦是白族历史上的一件奇事。

由于段兴智在这场战争中忠心耿耿的表现，宪宗大汗决定再次对他进行表彰。然而，段兴智却在第二次北上觐见宪宗的路途中患病身亡。此后，段兴智被追谥为"向义天定贤王"。忽必烈为了稳定西南，对段氏信任有加，中统二年，段兴智之弟段实（信苴日）跨越千山万水到大都入觐，受到忽必烈皇帝的亲自召见并赐虎符，诏领大理、鄯阐、威楚、统矢、会川、建昌、腾越等城，自万户以下皆受其节制。

至此，十万蒙古大军，历经两年，纵横三万里，攻灭大理国，圆满实现了蒙哥策划、忽必烈实施的"斡腹"战略目标，为建立大元帝国奠定了坚实的基础，创造了冷兵器时代，中外战争史上最辉煌、最宏大的陆路远距离、大兵团迂回征战的典型范例，可称亘古未有。

为歌颂元朝开国皇帝世祖忽必烈征讨云南，一统西南的圣德神功，元成宗铁穆耳时，云南行省平章政事也速答儿于元大德八年（1304年）议立《元世祖平云南碑》。此碑建在大理城外苍山龙泉峰下，碑立于巨硕的石龟背上，高达四点五米，宽一点六五米，分上下两节，中有石条挡护，边有石框镶砌，碑额为大理石，雕二龙戏珠，额篆"世祖皇帝平云南碑"。撰文者是翰林程文海，以正楷大字书丹，劲瘦工严，有欧柳遗风。行文五十行，上石三十行，每行二十字，下石二十八行，每行二十五字，共一千三百个字，现仅存一千余字。沧海桑田，《元世祖平云南碑》至今犹在，它默默地见证了云南的一段重要史实。忽必烈成为历朝历代的皇帝中亲自到过云南的第一人。

公元1257年，为表彰战功卓著的兀良合台，蒙哥大汗赐其银五千两、彩帛二万四千匹，授银印，并封其为大元帅镇守大理，这为西南地区的管理埋下了隐患。

危机四伏动荡不安

兀良合台在西南地区暴戾的统治不断激起民变,滇东和滇中地区的白族和彝族爆发了以白族僧人舍利畏为首,联合威楚地区的三十万各民族大起义。时任大理等处宣慰都元帅的宝合丁将忽哥赤毒死,篡位自称云南王,西南局势岌岌可危。

危机四伏西南动荡不安

宪宗九年（1259年）七月辛亥，蒙哥大汗亲自率军前往四川攻打合州时被宋军飞矢射中，死于钓鱼山，终年仅五十二岁，忽必烈代表蒙古国与南宋议和，撤兵北归。

蒙哥大汗死后，蒙古国汗位之争也随即展开。领有汉地的忽必烈与受漠北蒙古贵族拥护的四弟阿里不哥为了争夺汗位而发生战争，最终忽必烈获胜，并于公元1260年三月在开平称汗，尊号"薛禅汗"。忽必烈接受刘秉忠的建议，开始按中国传统的王朝年号纪年，于公元1260年5月建元中统。后又将中统五年改为至元元年，定开平为上都。同年乙卯，改燕京（今北京）为中都。在刘秉忠规划下，大兴土木，将中都改建为京城。

至元八年（1271年）十一月，忽必烈正式登上皇位称帝，史称元世祖，时年五十六岁。公布《建国号诏》法令，取《易经》中"大哉乾元"之意，改国号蒙古为大元，建立元朝，至元九年（1272年），又将中都改为大都，从此大都成为元朝的首都，及至明朝、清朝都将北京定为首都。

此时虽然已平定大理国近二十年，但内忧外患，暗流涌动，危机四伏。蒙古军队于公元1257年使用武力占领大理国后，为实现军事占领之目的，兀良合台按蒙古的规制，在西南地区建立了军政合一的"万千百户制"，对

元朝大都文明门（明朝改为崇文门）

境内地区实行全面的军事管制。据宋濂《元史·世祖纪》记载：蒙古军留守的兀良合台"自镇云南，凡八籍民户，四籍民田，民以为病"；"委任非人，政令屡变，天庭高远，人相闻知，边鄙之民，往往复叛"。兀良合台在西南地区暴戾的统治方法不断激起民变。至元元年（1264年），滇东和滇中地区的白族和彝族爆发了以白族僧人舍利畏为首，联合威楚地区的三十万各民族大起义。洱海地区至姚州一带的白族和彝族人民亦纷纷起而响应，驻守鄯阐城的蒙古兵、蒙古贵族死伤惨重，急忙向段兴智的兄弟段实求援。段实率领人马首先镇压了洱海至姚州一带的起义军，然后引兵东进，在安宁、新兴（今玉溪）等地与舍利畏激战，平息了叛乱。

中统元年（1260年），元世祖忽必烈命兀良合台返回上都，并解除其兵权。兀良合台一生征战，功勋卓著，至元九年（1272年）逝世，时年七十二岁；被追封为河南王，谥武毅。

宝合丁叛乱忽哥赤遇害

忽必烈生有十个儿子，长子朵而只王，次子皇太子真金（即裕宗皇帝），第三子安西王忙哥剌，第四子北安王那木罕，第五子云南王忽哥赤，第六子爱牙赤大王，第七子西平王奥鲁赤，第八子宁王阔阔出，第九子镇南王脱欢，第十子忽都鲁帖木儿王。

至元四年（1267年）八月，忽必烈封五皇子忽哥赤为云南王，授金镀银印驼纽，镇大理、鄯阐、茶罕章、赤兔哥儿、金齿等处。同时立大理等处行六部，以阔阔带为尚书兼云南王傅、柴祯尚书兼府尉、宁源侍郎兼司马，行政机关和王府机构合为一体。

元朝十分重视对云南的控制与管理，先后分封过若干位云南王。至元五年（1268年），封五皇子忽哥赤为云南王。至元十七年（1280年），也先帖木儿袭封云南王；大德十一年（1307年），被晋封为营王。至元二十七年（1290年），封甘麻剌为梁王出镇云南；至元二十九年（1292年）改封晋王。至元三十年（1293年），忽必烈皇曾孙松山被封为梁王出镇云南。延祐七年（1320年）封王禅为云南王，泰定元年（1324年）晋封其为梁王。泰定元年（1324年），帖木儿不花袭封云南王。至大二年（1309年），封老的

大理王府

为云南王,元朝在云南设立宗王府一直保留到元朝灭亡。

当初忽必烈北返时,留下宗王不花驻守大理(中统二年封为建昌王),又设大理等处宣慰司都元帅,重大军政事宜都元帅必须向宗王请示,这种职权分散的管理设置为后来宗王、行政长官、军事统帅之间互相争权夺利埋下了祸根。

就在忽必烈正式登上皇位的这一年,云南发生了一件震惊朝野、惊世骇俗的大事。

据宋濂《元史·张立道》记载:"云南三十七部都元帅宝合丁专制岁久,有窃据之志,忌忽哥赤来为王,设宴置毒酒中,且贿王相府官午泄其事。立道闻之,趋入见,守门者拒之,立道怒与争,王闻其声,使人召立道,乃得入,为王言之。王引其手,使探口中,肉已腐矣。是夕,王薨。宝合丁遂据王座，使人讽王妃索王印。"时任大理等处宣慰都元帅的宝合丁自恃手中掌握着兵权，不把年轻的云南王忽哥赤放在眼里，早就觊觎云南王的王位。他用重金美女贿赂拉拢云南王王府尚书阔阔带，两人沆瀣一气，阴谋篡权。至元八年（1271年）十一月，宝合丁设宴，悄悄将砒霜置于酒肉中，意将忽哥赤毒死；时任云南王王府文学的张立道偶然听得消息大惊失色，急忙只身骑马赶往城西的宣慰都元帅府，闯入酒席高声喊道："王爷，酒肉中有毒！宝合丁与阔阔带俩贼子要加害于您！"忽哥赤闻言大吃一惊，急忙伸手用力使劲抠喉咙，污物喷溅了一身，但因食量过多，毒效发作，不一会儿便七窍出血薨逝。宝合丁将张立道投入牢中，准备将他杀害，再逼迫云南王王妃交出云南王王印，篡位自称云南王。

张立道是个值得一提的人物，特别是他与云南有深厚的渊源。张立道，字显卿，其祖先是陈留人，后迁居大名府。父亲张善，原为金朝进士，金灭后即归顺蒙古国。张立道十七岁任备宿卫。忽必烈即位后，张立道跟随其南征北战，由于干练聪敏备受忽必烈信任，成为心腹之人。忽哥赤受封云南王后，忽必烈任命张立道为王府文学。张立道自到王府以后，除了完成本职事务外，经常考察大理地区的山川河流，深入山寨部落了解民情；多次上书忽哥赤，劝其发展农牧业，关注民生。忽哥赤接受他的建议，报奏朝廷批准任命张立道为大理等处劝农官，兼领屯田事，佩银符。赛典赤入滇主政，张立道任云南行省劝农官，协助赛典赤管理农业与水利工作。张立道曾经任临安广西道军民宣抚使，在建水创立孔庙、学堂。并在衙门内写上为官清廉的训词，警告贪官污吏。大德二年（1298年），朝廷将张立道从陕西行台御史之职调为云南行省参政，作为梁王的辅助，只可惜视事一月便去世了。其子张元曾经担任云南行省左右司郎中。

张立道曾三度出使安南，在云南为官最久，深得人心，云南民众为了纪念他，于鄯阐城西为其立祠堂，永世供奉。张立道所著诗文有《效古集》《平蜀总论》《安南录》《云南风土纪》《六诏通说》若干卷。

在都元帅府担任工匠提举（按元朝官制相当于从九品）的张忠是张立道的族兄，张忠平时里在工匠营豪爽仗义，人缘不错，便立即召集了几个要好的朋友向他们讲明情况，众人歃血为盟，合力解救了张立道。"人匠提举张忠者，燕人也，于立道为族兄，结壮士夜劫诸狱，出之……"张忠、张立道等人仓皇逃出羊苴咩城，向西疾走，一路风餐露宿，历尽千辛，一个月之后，来到吐蕃地界，恰好遇上忽必烈派遣的御史大夫博罗欢、王傅别怗。张立道、张忠等人随博罗欢、别怗二位钦差返回大理，迅疾查明宝合丁、阔阔带两人叛逆的实情并据实报奏朝廷。忽必烈下旨将十恶不赦的宝合丁、阔阔带及王府受赂官员及阿老瓦丁、亦速夫等就地斩立决，另任阿鲁帖木儿为都元帅。只可惜宝合丁昼思夜想要当云南王、建立独立王国的美梦化成了泡影，最终只落得身败名裂，做了刀下之鬼！

大理五华楼

刚刚平息了宝合丁的叛乱，忽必烈痛失爱子忽哥赤的悲情尚未释然，烦心的事却接踵而至。

至元十年（1273年），西南罗羽（今云南武定、禄劝一带）等民族首领反叛。告急文书如雪片一般飞报大都，朝野上下为之震动。虽经全力平定，但是忽必烈对西南连续几年发生的异常事变十分震动，他既要集中主要精力考虑解决征讨南宋，又要稳定西南大局最终实现南北夹击、一统中华的战略目标。大理地区动荡不安的局面引起了忽必烈的警觉，他感到西南地区"变乱不常"，自己"抚恤之心虽难切于己，而下民之志亦尚未安"，"非重臣镇服不可"。

这些烦心之事，搅得忽必烈寝食不安，日思夜虑。怎样才能使西南稳定呢？忽必烈痛定思痛，开始思考选择治理西南的能臣。可是思考几日，仍旧没有头绪。一日，监察御史魏初进言，平章政事赛典赤忠勇老成、纲纪省事，可以担当此重任。一番话提醒了忽必烈。

临危受命欣然入滇

忽必烈把边陲西南作为地方政权组织改革先行先试的试验区,他相信德高谨厚、老成持重、清正廉洁的赛典赤一定能够完成历史重任。六十三岁的赛典赤不顾年高体弱,临危受命,义无反顾欣然入滇,命运之神将赛典赤父子带到了边陲云南。

忽必烈选贤任能定云南

至元十一年（1274年）闰六月，正在参加西线作战并负责保障全军后勤供应的赛典赤接到诏书，星夜从前线赶回大都。此时的赛典赤已经是中书省平章政事，相当于副丞相之职，从一品。

据宋濂《元史·赛典赤》记载："（至元）十一年，帝谓赛典赤：'云南朕尝亲临，此因委任失宜，使远人不安，欲选瑾厚者抚治之，无如卿者。'"这是一次具有历史性的谈话，它关乎后来云南省政治经济社会生产生活的重大改革与发展，深刻影响全国行省管理体制与运行机制的模式，它将永远载入云南省乃至中国变革的史册。

忽必烈对赛典赤诚恳地说："当年朕曾经亲征西南，了解那里的情形，但因为近年来朕用人失察酿成诸多事故，致使西南地区人心惶惶，祸事连连。老爱卿德高谨厚，清正廉洁，有口皆碑。朕思考已久，想拜你为云南行省平章政事抚治云南。"

忽必烈为什么要将原来大理地区的行政区域定名为"云南"？

从历史上看，汉武帝元封二年（前109年），汉武帝征发巴蜀地区的士卒降伏滇王。汉廷以滇王故地为中心设置益州郡（郡治滇池县，今昆明市晋宁区），辖包括云南县（今云南省祥云县）在内的二十四个县，这是"云南"

一词首创作为地理名词和行政区划名称的历史，是为云南地名之源。县名来历有二：一因山得名。即祥云县西北百数里有终日与云气相连的云山，县在其南，故名云南。二因祥瑞征兆得名。传说汉武帝梦见吉祥彩云现于白岩（今弥渡红岩），县在其南，故名云南。

汉建兴三年（225年），诸葛亮亲征南中，把南中五郡调整为七郡，其中从建宁郡（原益州郡）中划出弄栋（今姚安），从永昌郡划出叶榆（今大理）、邪龙（今巍山）、云南三县，从越西郡中划出遂久（今丽江）、姑复（今永胜）和青蛉（今大姚）三县，共计七县设立新郡——云南郡（郡治云南县，今云南驿），这是"云南"继云南县之后作为更高一级行政区划最早在神州版图上出现的名称。云南驿北控成都、东制押赤城，为当时西南地区的咽喉要地。后来的南诏国曾经先后在这里设置了云南节度使、城、赕、州等军政机构。

唐朝开元二十六年（738年），唐廷封南诏皮罗阁为"云南王"。宋太宗时，大理首领白王乞内附被册封为"云南八国都王"。宋朝政和七年（1117年），宋徽宗赐大理段和誉为"云南节度、大理国王"。以后"云南"一词亦成为封号名称，六年前忽必烈皇上曾封他的五皇子忽哥赤为"云南王"。

忽必烈将"云南"从县、郡名称提升至"省"的称谓，一方面他希望西南地区自此以后吉祥如意，同时这里面饱含着作为皇帝、父亲的忽必烈对五皇子忽哥赤深深的眷恋和割舍不断的父子情。他将西南地区定为云南，或许是忽必烈的一番苦心孤诣，他要以这种方式永久地纪念他的儿子。

什么是行省？"行省"的全称是"行中书省"，它代表中央最高行政机构在地方行使职权。

关于行中书省，在南宋时期的金国（1115年至1234年）已有行省之设置。《金史·百官志》就记载："熙宗天会十五年（1137年），罢刘豫，置行台尚书省于汴。天眷元年（1138年），以河南地予宋，遂改燕京枢密为行台尚书省。"可见，"行中书省"原为中央派出机构，元朝将其改为地方行政建制。行省平章政事相当于现代的省长，为一省最高行政长官，集地方军政权力于一身。"行中书省，掌国庶务，统郡县，镇边鄙，与都省互为表里。""都省握天下之机，十省分天下治之。"说明"行省"具有中央派出机构和地方最高行政管理机构双重性。这种政治管理体制在中国郡县制度建设方面是重大创新与突破。元朝将全国划分为由中书省所直接管辖的首都附近的腹里地区（即今河北、山东、山西及内蒙古部分地区），由宣政院（初名总制院）所管辖的吐蕃地区（今西藏自治区及青海、四川部分地区），以及云南、江西、甘肃、湖广、江浙、陕西、四川、辽阳、河南、岭北等十个行中书省。行省平章政事即行省的行政长官。

元朝灭南宋之后，行省逐渐转变成了一级地方行政组织，其首长也不再带中书省的官衔。

忽必烈决定在云南实行行省制，具有深远的战略考虑与政治布局。纵观西南地区的行政管理体制，自两汉以来，中央政权虽然在一些地区设置过郡县，但是区域广大辽阔、民族众多，中央政权的实际控制能力有限，不足以完全覆盖全域范围，因此郡县制没有得到普遍推广和实施，及至南诏、大理崛起，建立地方政权，西南夷数百年来长期自立一方，与中央政权的关系一直处于若即若离的状态，甚至能够与中央政权抗衡，战争时有发生。唐朝天宝年间至唐末（750—875年），唐廷与南诏政权之间的多次互相攻战，史称"天宝之战"。第一次战争，是唐玄宗天宝末期，南诏脱离唐朝、投靠吐蕃，并在安史之乱期间夺得了云贵高原大部。公元779年，唐朝击败吐蕃、南诏联军，蕃、诏之间裂痕加大。唐德宗时，剑南节度使韦皋招降南诏，与之结盟，共同打击吐蕃。第二次战争发生于公元829年，南诏弄栋节度王嵯巅侵犯西川，攻下成都外城。郭钊、李德裕到成都代替杜元颖，与南诏立约，南诏再次归附。第三次战争，南诏皇帝世隆在唐懿宗时先后攻陷邕州、交趾，占据数年，被唐将高骈击败。南诏衰落，两国重归于好。公元739年，皮逻阁迁都太和城。唐朝亦用兵于南诏，《新唐书》云："初，安宁城有五盐井，人得煮鬻自给。玄宗诏特进何履光以兵定南诏境，取安宁城及井，复立马援铜柱，乃还……"清朝孙髯翁在其昆明大观楼长联中有"唐标铁柱"之句，说的就是这个典故。

天宝之战结束后，阁逻凤认为"生虽祸之始，死乃怨之终"，下令各地收拾唐朝剑南留侯李宓及将士的尸骨就地祭祀埋葬，建立大型墓冢，当地称为"万人冢"。墓冢呈圆形上包，两层基石全部用青麻石砌成，四面围着两道大理石围栏，占地约360平方米，墓冢前立着刻有"大唐天宝战士冢"的大理石墓碑。

元朝以前，中央政权对西南地区都采用"羁縻政策"。所谓的"羁縻政策"源于两汉时期。当时的中央王朝曾经在西南夷各民族地区先后设置郡县，派遣汉族官吏前往担任太守、县令。但是又不可能使用对内地汉族人民进行统治的方式，所以不得不封西南夷民族内部原有的一些奴隶主、部落贵族为王为候，使他们保持原来在本民族中的统治地位，按照旧存的方式去统治本民族人民。郡县官是中央王朝在地方的代表，土著王侯们在政治上要听从郡县官吏的调度，经济上则需将其按原有剥削方式剥削所得的一部分，以纳贡的形式提供给郡县官吏上缴中央王朝。这种对西南夷各族进行统治的政策，汉朝统治阶级称之为"羁縻"。《史记·司马相如列传·索隐》说："羁，马络头也；縻，牛纼也。"《汉官仪》云："马云羁，牛云縻，言制四夷如牛马之受羁縻。" 其意是形容对当时夷地民众的管束有如马受笼套束缚、牛受绳索钳制。

忽必烈总结历史、审时度势，他认为要使国家一统、长治久安，必须大刀阔斧地从根本上改革行政管理体制：自宪宗四年大理国归附以来，这十余年里所使用的蒙古军政合一的万千百户制，在忽必烈看来已经不合时宜，同时他还意在结束"羁縻政策";今后应该按照内地体制设置行省,"凡钱粮、兵甲、屯种、漕运、军国重事,无不领之",实现军民统一、政令统一,这是治本的制度基石。

赛典赤临危受命入边陲

忽必烈把边陲西南作为地方政权组织改革先行先试的试验区,他相信德高谨厚、老成持重、清正廉洁的赛典赤一定能够完成历史重任。

六十三岁的赛典赤为忽必烈的伟大决策所折服,不顾年高体弱,临危受命,义无反顾欣然入滇。至元十一年(1274年)秋,经过朝会廷议,决定任命赛典赤为平章政事行省云南。统合剌章、鸭赤、赤科、金齿、茶罕章诸蛮,赐银二万五千两、钞五百锭。

就这样,命运之神将赛典赤父子带到了边陲云南。

忽必烈改变自汉朝以来对西南夷实行的"羁縻制",而由中央直接任命官员进行地方管理,总体上实施了新政,取得了历史性的突破与成功,以后明朝、清朝基本上按照忽必烈制定的政治体制框架实施。但是由于西南地区民族众多、情况各异,在后来的实践中,不得不在一些偏远地区仍然实行"羁縻制"。《元史·百官志》说:"西南诸溪洞各置长官司,秩如下州,达鲁花赤、长官、副长官,参用土人为之。除袭替土官外,急阙久住者,依例以相应人举用。"不仅西南如此、东北如此,西北亦如此。又不仅长官司如此，更大的宣慰司亦如此。《元史·文宗本纪》即说："至顺二年（1331年），置八百等处宣慰司都元帅府（驻今泰国清迈），以土官昭练（傣族）为宣慰使都元帅。"及至明、清时期全国部分少数民族地区都沿袭了"羁縻制"，统治者不得不采取改土归流的措施。民国末期，云南省西双版纳、德宏等少数民族地区仍然部分保留土司制度，直至新中国成立"羁縻制"背景下的土司制度才根本消亡。

敢为天下先首创行省

赛典赤到任后,面对云南错综复杂、百废待举的局面,在全国首创建立行省,自此西南地区的行政建制与全国统一起来,云南结束了长期以来与中央政权若即若离的关系,正式纳入了大中华的版图,保证了民族团结、边疆稳定,云南省的历史翻开了新的一页。

一飞冲青天鼎新革故

忽必烈皇帝让赛典赤在全国首创建立行省，他一日不敢懈怠，是改革的拥护者和坚定的执行者。赛典赤到任后，面对云南错综复杂、百废待举的局面，他知道要使云南长治久安，第一要务是改革全省的行政管理体制。

赛典赤是个心细如发的人，他十分清楚，各路、府、州、县边界的划定，户籍人口、称谓、官员的遴选，各部门职责的确定等事项十分庞杂，是关乎今后云南经济社会民生发展的千秋大计。至元十二年（1275年）至至元十三年（1276年），赛典赤组织行省人员花费了一年的时间，对全省原有的行政区划、山川地貌、民族分布、人口状况进行了深入细致的调查研究，并对今后的发展布局做出统一周密的规划，一切筹备工作完毕，赛典赤上奏忽必烈："哈剌章、云南壤地均也，而州县皆以万户、千户主之，宜改置令长。"此奏章得到朝廷批准。于是赛典赤将原来的万户、千户、百户改为路、府、州、县四级职权分明的基层政权组织，路设总管、府设知府、州设知州、县设县令。云南全省"为路三十七，府二，属府三，属州五十四，属县四十七，其余甸寨军民等府不在此数"。由赛典赤谋划定名的云南省县名，在全省一百二十七个县中还有六十七个县沿用至今。

昆明古城

在设置路、府、州、县时,赛典赤在细致周密的调查研究的基础上,结合云南的实际情况进行了适当的调整与完善,体现了作为一个成熟政治家高瞻远瞩的战略思想、娴熟谋略与智慧,其中有两件事情可见一斑。

一是保留部分军政一体性质的行政管理机构。赛典赤深知云南地缘政治的特殊性,特别是各战略要地驻军的重要性,因此保留了一些军政一体性质的行政管理机构。如滇南重镇元江,"地接南越,为南防之咽喉","实南迤要冲区,欲固藩篱,则兵防尤不可忽顾"。至元十三年(1276年)冬,赛典赤"遥立元江府以羁縻之"。并根据实际需要,在元江反而增设万户,同时保留了地势险要的马笼山千户,归元江万户管辖。在改置临安路时,将处于内地的蒙自千户改为蒙自县,而将兵士抽调至东南面"其地近交趾"的舍资（今屏边县），另立"安南道防送军千户"。在其北面的广西路所属师宗部、弥勒部各增设了千户驻防。至此，元江、舍资、师宗部与弥勒部三处形成了一个互为犄角的三角形，师宗部意在防备贵州西南的宋军，舍资则负责维护云南南部与交趾边境一线的安宁。体现了赛典赤政治家兼军事统帅的战略远见。

二是实事求是、因地制宜。赛典赤在云南策划、推广郡县制，并不是简单地机械模仿、复制汉代的郡县制，他根据云南区域经济社会发展不平衡的特点和实际情况进行精细的考量。滇中地区的中庆、威楚、澄江等路，滇东北地区的乌蒙路，滇西北地区的大理路、丽江路等都是路、州、县三级管理机构，设置都比较俱全。但是滇西南地区的柔远路、茫施路、镇康路、镇西路以及滇东南地区的元江路等地均只有路一级行政设置，而无下一级设置。此外，为了保护疆域和军事需要，在一些偏远、人烟稀少的边疆地区也设置了路，如平缅路、蒙光路、木邦路等。精简了机构与人员，大大提高了管理效能。

对于新设置郡县的官员，赛典赤"选廉能者任之"，他所推荐的各路、府、州六品以上官员，朝廷吏部皆一一准奏任命。

敢为天下先首创行省

至元十二年（1275年），赛典赤奏请忽必烈批准，由宣慰司兼行都元帅府事,并听行省节制,使行省成为全省最高军政机关。这些建制,从某种程度上使宗王府的权力受到一定的限制,而对行省却加强了行使监督、建议及决策重大军事行动的权力,进一步完善了行省制度的统一性与权威性。

局势初定,元至十三年(1276年)正月,赛典赤以改定云南诸路名号上奏,朝廷允准正式设立云南行中书省,设置巡行劝农司、肃政廉访司等各级衙门。以纳速剌丁、月忽乃为断事官,杨琏为左右司郎中,塔木丁为员外郎,梁曾、侯瑞为都事,云南正式成为大元帝国的辽阳、河南江北、陕西、四川、甘肃、江浙、江西、湖广、征东等十个行省之首。

建云南行省开创了我国行省建制的先河,为全国其他地区建立行省提供了丰富宝贵的经验和可借鉴的模式,影响重大,意义深远。元代的行政区域,以路为第一级地方行政区域,下设府、州、县,路的辖区较小,元朝设置诸路宣慰司和都元帅府,分别行使政务和军务,诸路有多有少,而且变动较大。后来全国除河北、山东、山西直接隶属中书省,称为"腹里"之外,建十个行省,作为第一级地方行政区域,下设路、府、州、县。

云南建立行省体制,结束了蒙古国对云南长达十余年的军事占领及所实行的军事管理体制。赛典赤以敢为天下先的精神与气魄,在全国首创云南行省,符合当时中国的国情与云南的省情;是云南文明历史进程的一次质的飞跃与变革，从行政管理体制与运行机制上确保了云南的社会稳定和经济发展。

自元朝以后，云南未出现过地方性的割据与分裂，同时是中国地方建政历史上的一个重要的里程碑，云南是全国第一个设立行省的地区，为元朝后来在全国其他地区建立行省提供了丰富的理论基础和实践经验，为地方行政管理体制改革提供了一种新模式。云南行省建立后，其他九个行省相继建立，形成了元朝"都省握天下之机，十省分天下之治"的建制和管理格局：江西行省于至元十四年（1277年）设立，治所洪州（今南昌）；甘肃行省于至元十八年（1281年）设立，治所甘州（今张掖）；湖广行省于至元十八年（1281年）设立，治所鄂州（今武昌）；江浙行省于至元二十一年（1284年）设立，治所杭州；陕西行省于至元二十三年（1286年）设立，治所京兆（今西安）；四川行省于至元二十三年（1286年）设立，治所成都；辽阳行省于至元二十四年（1287年）设立，治所辽阳（今沈阳）；河南行省于至元二十八年（1291年）设立，治所南京（今开封）；岭北行省于大德十一年（1307年）设立，治所和林（今蒙古国哈尔和林）。云南行省比最后设立行省的岭北早了三十一年。

中国省级建制始于元代，而首个行省又始于云南。赛典赤是云南行省的第一任平章政事，是中国的第一任行省平章政事，同时也是第一个由少数民族人士担任的行省平章政事。云南在全国首建行省，终结了南诏、大理五百余年的地方割据状态。自此西南地区的行政建制与全国统一起来，云南结束了长期以来与中央政权若即若离的关系，被全面置于元朝中央的直接控制之下，正式被纳入了大中华的版图；加强了中央集权的统治，保证了民族团结，稳定了边疆，云南省的历史翻开了新的一页。

迁移治所重建鄯阐

鄯阐居于云南中心,交通四通八达,可谓总纲挈维,利用其优越的地理位置,一则可居中对全省进行有效管理,二则可作为向北配合朝廷夹击南宋的基地,三则可作为向南经略南部邻国的前哨。为大局计,赛典赤决定将行省治所由偏于滇西的大理羊苴咩城迁至地理位置居中的中庆府鄯阐。

谋大局迁移行省治所

元代云南管辖的范围较大,"东至普安路的横山(今贵州盘州市普安县),顺元路(驻今贵阳);西南至江头城(今缅甸实阶区东北的杰沙),设置了邦牙等处宣慰司(在今缅甸),凡三千九百里而远;南至临安路的鹿沧江(今越南莱州省北部的黑江),八百媳妇(今泰国北部的清迈府和老挝境),并设置了八百宣慰司;北至罗罗斯的大渡河(包括今四川西昌地区和凉山彝族自治州等地),凡四千里而近"。当时云南行省管辖的区域面积,超过了元朝以前诸朝或地方政权所统治的区域范围。

汉朝时期以滇池为中心,开设了朱提道、灵光道、永昌道、牂牁江道、糜泠道等交通干线。唐朝前期修筑了安宁城,开通了步头路,实现了以滇池为心中连接滇东北戎州都督府(今宜宾),经滇西北连接嶲州都督府(驻今西昌);经通海、建水沿红河水路南下连接安南都护府(今越南河内)的道路,南诏、大理国时期,除了修缮石门道和安南至天竺道外,又开辟了巢州道、黔州道和北至雪山道,鄯阐居于云南中心,交通四通八达,可谓总纲挈维。利用鄯阐优越的地理位置,一则可居中对全省进行管理,二则可作为向北配合朝廷夹击南宋的基地,三则可作为向南经略安南诸国的前哨,所以赛典赤决定将行省治所由偏于滇西的大理羊苴咩城迁至地理位置居中的中庆府鄯阐。

公元763年，南诏阁罗凤东巡滇池地区，认为这里自然条件优越，"山河足以作藩屏，川陆可以养人民"，是非常理想的筑城之地，于是决定在这里建南诏的鄯阐城（别都）。广德二年（764年），凤伽异开始构筑拓东城，其城址在五华山南麓，土桥以北，盘龙江西岸。设拓东节度，此后设置鄯阐府，成为南诏国东部政治、经济、文化中心。拓东城又被称为南诏的"东都""东京""上京"。大理国初期，改拓东节度为鄯阐节度，大理国后期废节度，只设鄯阐府。宋宣和元年（1119年），乌蛮三十七部联合攻占了鄯阐府，鄯阐城遂成为废城。不久大理国重新扩建，鄯阐城又恢复了往日的生机。当年兀良合台攻打鄯阐城时，肆意烧杀抢掠，使一座好端端的城郭变成了废城。

绘蓝图重建东都鄯阐

赛典赤到鄯阐后，立即组织人力勘察地貌、地形，编制规划方案，开展筑路治桥，修筑土城，建市兴商。在赛典赤的精心经营下，作为行省中心的鄯阐城得到了大规模的扩建。在拓东城的基础上，扩建后的鄯阐城范围为：城东退离盘龙江西岸约一百步；城北向北拓展约一里，把五华山、祖遍山囊括在城内；城南至土桥、金碧路；城西至福照街、九龙池（今翠湖），以玉带河为护城河。

修建行省衙门（今威远街）、梁王府（今庆云街东段）、梁王离宫（在今五里多）。修建万庆寺（今白塔路口），地藏寺（原古幢公园），观音寺（今三市街路东），大灵庙（今武成路东），文庙、文昌祠（在原长春观西），大德寺（五华山东），大胜寺（省署之南），清真寺两座、奇灵寺（在城东门内），五华寺（又名悯忠寺，五华山右）等。又修建大德桥（又名云津桥，今德胜桥）和至正桥。城内有专门进行手工业制造的匠户，分为"军匠"与"民匠"两种。并设有官办的"惠民药局"、"测景所"（天文气象观测台）、"御书阁"（图书馆）等。

　　自此昆明城粗具规模，云蒸霞蔚，车水马龙，城乡经济恢复发展。善于经商的中亚、西亚大批客商陆续来到这里，促进了商品大规模流通，使市场日益繁荣；鄯阐可谓市井林立，寺坊遍布，甚是繁华。马可波罗亦称当时的押赤城已经是"大而名贵，商工甚众"的第一大都市，很快就超越大理的羊苴咩城而成为云南政治、经济中心。时人王升在《滇池赋》中赞叹道："五华钟造化之秀，三市当间阓冲；双塔挺擎天之势，一桥横贯日之虹。千艘蚁聚于云津，万舶峰屯于城垠；致川陆之百物，富昆明之众民。""五华"即五华山，"三市"即中庆城的三市街，"双塔"即祖遍山上的东、西二塔，"一桥"即是云津桥。民国时期的袁嘉谷先生说："云南中枢……自元代至今在昆明。"至今鄯阐仍是边陲云南政治、经济和文化的中心。

　　从元朝起，昆明既是一个"山川明秀、民物阜昌"，"万家灯火"，"奇花异卉，四时不歇"，"天气常如二三月，花枝不断四时春"的美丽春城。文人墨客将碧鸡山、金马山、玉案山、商山、五华山、三市街、双塔（东寺塔、西寺塔）、大德桥赞誉为昆明八大景。

当时的昆明除了本地人之外，尚有大量的外来人，包括随兀良合台、赛典赤入云南的大批蒙古人、回回人、汉人。回回人是为云南回族的来源，因而伊斯兰教也随之传入云南。随赛典赤来云南的撒马尔罕人马薛里吉思是景教徒（也里可温），在云南传播基督教。此外还有大批中亚、西亚地区的人。正如马可波罗所说："城中人有数种，有商人和工匠，为杂居之地，有回教徒、有偶像教徒及若干聂思脱里派之基督教徒。"昆明成为多民族聚居的省会城市、包容三教九流的新兴国际大都市。元朝《云南志略》的编修者李京在《初到滇池》一诗中，对当时昆明多民族聚居，在经商、日常生活等方面语言交流多样化的情况进行了生动地描述："嫩寒初褪雨初晴，人逐东风马足轻。天际孤城烟外暗，云间双塔日边明。未谙习俗人争笑，乍听侏龄我亦惊。珍重碧鸡山山上月，相随万里更多情。"

据明朝万历《云南志略》记载，在押赤城的东面修筑金马关城（今关上），在城西边修筑高关城，在城北十里原谷昌城旁修筑王女城，拱卫昆明城。因昆明南面濒临滇池以为天然屏障，故南面未修筑外城。

据清朝范承勋、张毓碧修，谢俨纂：《云南府志·建设志·城池》记载，明朝洪武十五年（1382年），昆明城重建，将圆通山、五华山、祖遍山、九龙池（今翠湖）纳入城中，形成了"三山一水"的城市格局。城池北移，北城墙由五华山扩展到圆通山，东城墙至盘龙江西岸，西城墙从福照街移至蒲草田（今东风西路），南城墙由土桥移至近日楼。城墙从土墙改为砖墙，拓基周九里三分，高二丈九尺二寸，向南。城共六门，上各有楼：南门称为"丽正"，楼称为"向明"（清朝总督范承勋改为"近日"）；大东门称为"咸和"，楼称为"殷春"；小东门称为"敷泽"，楼称为"璧光"；北门称为"拱辰"，楼称为"眺京"；大西门称为"宝成"，楼称为"拓边"；小西门称为"威远"，楼称为"康阜"。南门偏西设有钟楼。环城有河，可通舟楫。自此昆明城基本定型。清代昆明城的范围与明代相比变化不大，但是城内外街道发展迅速。清代城内有大小街道一百五十余条，大小巷道四百余条。主要的街道有南正街、东院街、西院街、二纛街、三纛街、长春街、书院街、布政司街、卖线街、钱粮街、钱局街、武城街、金碧街等，其中南正街是当时昆明城内最繁华的街道。还有"三坊二十四铺"，"三坊"是：崇政坊，南起南门，北至马市口，即今正义路；报功坊，南起马市口，北至圆通街；世恩坊，在北门街附近。"二十四铺"是：高山铺、忠爱铺、中端铺、羊马市铺、鱼课司铺、土桥铺、鸡鸣桥铺、石桥铺、新城铺、云津铺、三义铺、嵩山铺、三元铺、十里铺、咸和铺、太和铺、金牛铺、敷泽铺、桃园铺、商山铺、螺峰铺、文林铺、胜应铺、龙翔凤翥铺。昆明城由明、清延续至民国时期，清朝末期民国初期，昆明则跨过盘龙江向东拓展，抗战时期向四周扩展。

宅心仁厚以德抚滇

元朝初期,兀良合台对西南少数民族横征暴敛,引发了巨大的矛盾与冲突。赛典赤主政云南后采取了"力攻不如德降"的怀柔政策,逐步平定了云南各地少数民族的反抗。同时积极团结少数民族上层人士,正确的民族政策对缓解民族矛盾、稳定边疆、发展经济社会取到了十分重要的作用。

高风亮节礼服脱忽鲁

赛典赤入滇之前，忽必烈任命脱忽鲁出镇云南。脱忽鲁是个颐指气使、心胸狭隘、利欲熏心的人。他自恃自己是蒙古宗王，听说赛典赤要入主云南，生怕剥夺了他手中的特权，妄图刀兵相见，阻挡赛典赤入滇就职。"时宗王脱忽鲁方镇云南，惑左右之言，以赛典赤至必夺其权，具甲兵以为备。"赛典赤深明大义、虚怀若谷对脱忽鲁没有采取强硬措施，他派长子纳速剌丁去见脱忽鲁。纳速剌丁告诉脱忽鲁，我父奉旨入滇抚治，执行政令的权力归于行省，但是王府可以对行省事务进行有效监督。脱忽鲁听了大为感动，便委派亲信撒满、位哈乃随纳速剌丁去迎接赛典赤。撒满、位哈乃两人受到赛典赤隆重接待，并授予两人为行省断事官，参与行省事务。撒满、位哈乃两人返回羊苴咩城后，在脱忽鲁面前竭力推崇赛典赤的为人，从而进一步打消了脱忽鲁对赛典赤的疑忌。赛典赤德量宽大，顺利地解决了入滇主政的第一道难题，"由是政令一听赛典赤所为"。

赛典赤在云南大刀阔斧改革弊政，得到了广大官员、民众的欢迎与支持，但是却触犯了少数原有土官的既得利益，因此这些人私下串联，纠集跑到京师大都向忽必烈皇帝告御状。忽必烈听后怒斥："赛典赤忧国爱民，朕洞观之，尔辈何敢诬告！"于是命令刑部羁押了这几个诬告者，并将他们送回云南交由赛典赤处置，以儆效尤。赛典赤高风亮节宽以待人，对这些诬告者不计前嫌，赛典赤问他们：虽然你们到京城诬告我，但是我对你们不治罪，而且重新安排你们的工作，你们能够痛改前非尽职尽责自我救赎吗？"我今不汝罪，且命汝以官，能竭忠自赎乎？"诬告者叩首拜谢：我们向皇上告御状死有余辜，现在平章大人对我等不仅不治罪，而且还委派我们新的职务，今后将誓死报答大人的恩德。"某有死罪，平章既生之而又官之，誓死以报。"赛典赤对即将重新赴任的这些官员，赠予衣冠袜履钱粮，好一番勉励。

赛典赤主政云南期间，积极团结少数民族上层人士，向朝廷推荐原大理国国王段兴智之弟段实为大理路总管，先后任命了纳西族阿烈为丽江路总管、彝族阿谋为乌蒙路总管、哈尼人阿禾为元江万户等。他对属下勤于职守者"奏请赐虎符金印者十余人，宣敕者二百余人"。正确的民族政策对缓解民族矛盾、稳定边疆、发展经济社会取到了十分重要的作用。

宅心仁厚义抚罗槃寨

云南是一个多民族的地区，在这片红土地上，有白人（白族）、倮倮（彝族）、金齿白夷（傣族）、末些（纳西族）、窝尼（哈尼族）、蒲蛮（布朗族）、卢蛮（傈僳族）、阿昌族、吐蕃（藏族）、怒族、撬人（独龙族）、野蛮（景颇族）、僮人（壮族）、土僚蛮（仡佬族）等民族在这里世代繁衍生息。在高山峡谷、平坝水乡相对封闭的环境，众多少数民族形成了大大小小的部落。由于历代统治者对他们横征暴敛，使得许多少数民族处于民不聊生的境地，因而一些部落叛服无常，骚乱时有发生，在元朝初期，兀良合台对西南少数民族横征暴敛，引发了巨大的矛盾与冲突，产生了恶劣的影响。赛典赤主政云南后采取了"力攻不如德降"的怀柔政策，逐步平定了云南各地少数民族的反抗。

宋濂：《元史·列传·赛典赤·赡思丁》记载，至元十三年（1276年）春天，位于今云南红河一带的罗槃甸诸部又筑城反抗。

赛典赤想到罗槃寨是滇南通向交趾国的咽喉要道，不仅影响商旅贸易，更重要的是，一旦边关发生事故，将阻滞军队调动。思虑再三不得已只得发兵。

赛典赤兵临罗槃城，命令围而不攻。

赛典赤是一个能文能武、智勇双全的统帅，少年时期在宿卫军经过骑射、博克、器械使用、野战等严格的训练，曾经跟随成吉思汗南征北战，练就一身本领。至元三年（1266年），宋兵攻陷大梁平山寨。平章赛典赤命令李忽兰吉领兵千余骑出战。斩首宋军将士三百级，夺得马二百八十匹，并营救了被宋兵俘虏的都元帅钦察等家属百余口。至元七年（1270年），赛典赤镇守四川，宋朝大将昝万寿领兵据守嘉定，与赛典赤率领的元军对垒。赛典赤以诚意对待万寿，双方达成协议互不侵掠，昝万寿心悦诚服。赛典赤奉诏准备返回，昝万寿准备设宴欢送赛典赤表示友好。请帖送到元军大帐，赛典赤的部下左右为难：不去赴宴显得胆怯和失礼，如果前去赴宴，又担心昝万寿暗中加害主帅。赛典赤却毫不犹豫，欣然前往敌营赴宴。席间昝万寿敬酒，赛典赤的随行人员劝谏不可饮酒，赛典赤坦然笑着说："你们这是小人之见，昝万寿将军能够毒死我一人，他岂能毒死我全军将士？"昝万寿叹服。《元史》记载的这件事，在细节上出现严重的失误，按照伊斯兰教规信徒不能饮酒，赛典赤是一个虔诚的伊斯兰教信徒，他肯定会严格遵守教规。尽管史料记载有误，但是生动地反映了赛典赤的智慧与勇敢。至元七年（1270年），忽必烈命令大军围攻襄阳城，各道部队都要按照部署进击，以牵制宋朝增援军队。赛典赤与郑鼎率兵水陆并进，身先士卒进攻嘉定俘获宋将二人，顺流纵筏断宋军所建浮桥，获战舰二十八艘。这些事例充分体现了赛典赤的军事指挥才能与勇猛。

　　面对眼前的一这座土城，如果下令采取强攻则是朝夕之间的事情，但是赛典赤认为西南各部落皆为历史形成，云南虽业已建省，时间尚短促，且对他们的教化甚少。当初元、宋敌我战争，故以军力对抗为主。而今罗槃夷地、夷民乃是大元的疆域和子民，既非敌国敌人、又非悍匪。前些年，兀良合台对他们苛征钱粮，致使窝尼人心怀怨恨。如果一旦使用武力将殃及寨中数百民众，难免再添新的积怨。如今已是新政，应该攻心为上，避免生灵涂炭，以德服人才可永绝后患。

罗槃酋长三日不降，赛典赤手下的将士群情激愤，纷纷请战，希望赛典赤下令尽快攻打小小的土城，但是赛典赤坚持和平解决问题，并派出使者与之和谈。"诸将请攻之，赛典赤不可，遣使以理谕之。"罗槃酋长允诺三日后归降，但是过了三天仍然不降，诸将认为罗槃酋长欺人太甚，纷纷要求进兵，"赛典赤又不可"。有个部将违反军令贸然攻城，赛典赤大怒，斥责道：皇上命我安抚云南，并未允许滥杀无辜，没有我的命令而擅自进攻者，依照军法定斩不饶！"天子命我安抚云南，未尝命以杀戮也。无主将命而擅攻，于军法当诛！"罗槃酋长大为感悟：平章大人宅心仁厚宽以待人，如果我再负隅顽抗，则后果不堪设想。"平章宽仁如此，吾拒命不祥。"于是归降，赛典赤仍然任命其为罗槃寨土官，罗槃酋长感激涕零，率众夷民恭敬送赛典赤回归省城。

据说，明朝开国皇帝太祖朱元璋命大臣宋濂编撰《元史》，在书中记有赛典赤德抚罗槃甸土酋的这段历史。当朱元璋读到此时，曾经作楹联一副称赞道：

罗槃甸抗命守孤城，谁能保黎民安危；
赛典赤宽厚行招抚，夷酋归附未用兵。

亦是一段历史佳话。

罗槃甸土酋叛乱平息后，赛典赤派僚左郎中杨琏安抚罗槃甸以西的其余城寨，窝尼诸部闻风归顺。赛典赤以德抚民的做法收到了积极的效果，"由是西南诸吏翕然款附"。至元十三年（1276年），广南溪洞侬士贵及左江李维屏、右江岑从威等两千人归附；至元十五年（1278年），招降临安、白衣、和泥分地城寨一百零九所；威楚、金齿、罗罗分地城寨军民三万两千两百人，秃老蛮、高州、筠连州等城寨十九所；至元十六年（1279年），今贵州境内的八番、罗氏鬼国等归附，计洞寨一千六百二十六，户十万零一千一百六十八。"夷酋每来见，例有所献纳，赛典赤悉分赐从官，或予给贫民，秋毫无所私；为酒食劳酋长，制衣冠袜履，易其卉服草履。酋皆感悦。"赛典赤治滇六年期间，云南未发生过大规模的叛乱，保证了边疆社会稳定。

睦邻安边捍卫主权

赛典赤采取以德报怨的方法,兵不血刃顺利地化解了与邻国的矛盾,充分体现了赛典赤睦邻友好、以德安边的理念。其高超的外交艺术和广博的大爱精神,体现了一个伟大的政治家和外交家的卓越风范。对敢于武力侵犯云南的邻邦,赛典赤则坚决打击,维护国家的主权。

以德报怨睦邻安边

云南省地处西南边陲与南部交趾国、缅国（今缅甸）、南掌（今老挝）、暹罗（泰国旧称）四国相邻，是大元朝西南的重要门户。历史上交趾国、缅国不时与大元帝国发生一些摩擦与冲突。

宋濂《元史·列传·赛典赤·赡思丁》记载："交趾叛服不常，湖广省发兵屡征不利，赛典赤遣人谕以逆顺祸福，且约为兄弟。交趾国王大喜，亲至云南，赛典赤郊迎，待以宾礼，遂乞永为藩臣。"交趾国是大元的藩属国，但是不时发生一些挑衅行为，严重影响了边疆人民群众正常的生产生活，迫使朝廷不得不多次出兵征讨，但是都不能彻底解决问题。朝廷责令云南行省平章赛典赤迅速解决此事。行省及地方的一些官员、将领也觉得忍无可忍，纷纷建言，希望赛典赤效仿当年兀良合台武力征讨交趾之举以示天威。赛典赤认为交趾虽然是小国，但却是我国邻邦，与云南省山水相连，同饮一江水；一些夷民跨境而居，甚而互通婚姻。国家之间无论大小都应该睦邻相处，绝不可倚强凌弱，当然也不能以小撒泼，惹是生非。两国因为某些原因发生矛盾或冲突乃是正常的事情，解决问题贸然用武，一则伤害两国情感，非长远之计；二则兴师动众靡费国家钱财，损伤国力；三则劳师远征，士卒冒锋镝，如不幸无辜而死于心不忍。此次平息交趾之乱，应该对其先礼后兵，以德抚为上，以德扬威，不失我大国风范。于是赛典赤派出使者晓之以理，表达了愿意与交趾国国王结为兄弟的意愿，交趾国国王十分高兴并亲自来到云南；赛典赤率领行省官员到鄯阐城郊外迎接，以国宾礼仪隆重接待，使交趾国国王万分感动，立即表示愿意永为藩臣。赛典赤采取以德报怨的方法，兵不血刃顺利地化解了与邻国的矛盾，充分体现了赛典赤睦邻友好、以德安边的理念。其高超的外交艺术和广博的大爱精神，体现了一个伟大的政治家和外交家的卓越风范。

赛典赤逝世后，交趾王陈光昞遣使者十二人来云南吊丧并为之致祭，使者号泣震野，哭泣祭道：

惟我大元，圣帝明王。奄有四海，一统八荒。宽仁如天，慈我遐方。臣服以来，累辱天恩。将命之臣，未得其人。蚕食渔侵，不廉不仁。至元甲戌，赛公忽临。口传天语，慈仁之至。天疆以南，日月光霁。生我育我，慈父慈母。秋毫不侵，朝野富有。愿公祈公，永福永寿。胡为苍天，短公之年，公去无憾，我苦谁怜？连年兵刃，血满田园。哀哉赛公，我心彷徨。哀哉赛公，我心忧伤。礼宜临丧，躬致瓣香。索我如羁，遣使酬殇，愿公有灵，阴福吾国。哀哉赛公，昊天之德。呜呼尚飨！

其大意是：大元上国皇帝圣明，拥有四海，一统天下；宽仁如天，以仁慈之心对待我国。但是我国自臣服以来，却屡屡冒犯天恩，不时蚕食侵扰边境。至元十五年，平章赛典赤遣使来到敝国传达朝廷旨意，不仅不动刀兵，而且对我毫无责怪，晓之以理，慈仁之至；使我国免去血光之灾而民众安生，交趾大地日月生辉。平章赛典赤大人犹如生我育我的慈父慈母啊。今闻赛公仙逝，我的心顿时彷徨忧伤，痛苦之情有谁又能知晓？倘若赛公在天有灵，希望您能够庇佑我国，我深深地祈赛公典赤永福永寿！

交趾王悼词恳切，伤悼悲痛之情溢于言表，如丧考妣。异国外邦对我国地方行政官员如此敬重有加，在中国历史上绝无仅有。

寸土不让捍卫主权

对敢于武力侵犯云南的邻邦，赛典赤则坚决打击，坚定不移地维护国家的主权。至元十四年（1277年），缅国蒲甘遣大将释多罗伯拥象骑数万，剽掠金齿南甸（今云南德宏一带），欲袭大理。赛典赤命万户忽都与总管段实领骑兵千人御之，出兵击退蒲甘军队，赵子元在其撰写的《赛平章德政碑》中赞叹道："自后蒲甘不敢犯风、金齿得以安者，皆公之良计也。"

屯田安民惠及民生

民以食为天，食以农为本，农以地为根。要想长治久安，使民众安居乐业，重中之重要解决民众赖以生存的耕地、减免租赋和推广先进的农业技术。赛典赤结合云南的实际情况，创造性地推广先"民屯"后"军屯"的方法，不与民争地，使耕者有其田，极大地保证了民众的利益和社会安稳。

雷厉风行屯田安民

忽必烈选择赛典赤为云南平章政事并非心血来潮，忽必烈看重的是赛典赤既有在朝廷中枢工作的经历，又有长期管理地方工作的丰富经验与政治能力，每到一地他都能理顺盘根错节的关系，并在短期内取得骄人的政绩，是他最放心、最信任的肱骨大臣之一。

来到云南主政，担任平章政事后，赛典赤知道，云南的情势与内地大相径庭。云南地处偏远的边疆，少数民族众多，高山大河纵横交错。大理、鄯阐附近农业生产比较先进些，但作物产量与内地相比仍然很低；其他大部分地区较之内地更为粗放落后，许多地区采用刀耕火种的原始方法，"无粳稻桑麻"。这个归化不久的地区百事待兴，当务之急是要解决民生问题。民以食为天，食以农为本，农以地为根。要想长治久安，使民众安居乐业，重中之重要解决民众赖以生存的耕地、减免租赋和推广先进的农业技术。

历史上许多地区采取了军屯的方法，赛典赤结合云南的实际情况，创造性地推广先民屯后军屯的方法，不与民争地，使耕者有其田，社会方能安稳。

早在至元元年（1264年），赛典赤担任陕西五路西蜀四川行中书省平章政事时，就进行了大规模的屯田。仅三年时间，便"增户九千五百六十五，军一万二千二百五十五，屯田粮九万七千二十一石"。

赛典赤在滇期间开展"拘刷漏籍户"和组织屯田。所谓"漏籍户",是战乱期间人民流离失所造成,是被有权有势的宗王、贵族和豪户隐占的人口。将宗王、贵族和豪户霸占的田分给这些漏籍户,并组织他们屯田是赛典赤在云南实行改革的又一重大创举。试想这一举动将触犯那些宗王、贵族和豪户的核心利益,这需要赛典赤具有坚忍不拔的信心与敢于向既得利益集团做斗争的坚强精神!

至元十一年(1274年)下半年,赛典赤命令爱鲁组织人手仔细调查中庆版籍,把行省圈占的一部分土地和原来大理国高氏名下的万余户地籍收为官有,将其中的四千余户地籍约一万七千二十二双(约七万亩),分租给无地的农民屯田,共设民屯八处。

赛典赤又将中庆路的经验推广到威楚、大理、金齿、永昌、鹤庆、中庆、曲靖、澄江、仁德、临安、建昌、会川、德昌等地。据《云南简史》记载:"至元十二年(1275年),云南行中书省下令在中庆等路拘刷漏籍人户,置立屯田……至元十二年和十五年,共拘刷漏籍户 11777 户,其中中庆路为 4197 户,占拘刷漏籍人总数 36%,如果将澄江、威楚的增入,共为 6591 户,则滇中地区拘刷漏籍户占总数 56%,滇南临安拘刷漏籍户为 2300 户,占总数 19.5%,滇西永(昌)、腾(冲)拘刷漏籍户为 2066 户,占总数 17.5%,滇东曲靖、寻甸为 820 户,占总数 7%,这一情况,说明滇中地区是宗王、贵族和豪户隐占漏户最多的地区。"

据方国瑜主编的《云南地方史》记叙,当时云南将田与地统称为"田"。云南沟壑纵横、山高坡陡,将田分为九等:滨海之田,沟渠流通,如在水源凿地开沟,引水灌溉的称为"渠田";建闸筑堤,能抗旱溢洪的称为"坝田";山区依靠降雨才能播种的称为"雷响田";临近海边开垦的称为"海田";利用小水塘灌溉的称为"塘田";没有种植的称为"熟水田";经过开垦、引水适宜种植稻谷的称为"生水田";只种杂粮,不能开发为水田的称为"旱田";依山开垦形如梯级的称为"土田"或"梯田"。对于田的计量采用"双""乏""己""角"作为单位。据陶宗仪《辍耕录》记载,三人佃作,使用两头牛,犁一天为一双,以二乏为一己,四己为角,四角为双。一双约为中原地区的四亩。据李京《云南志略·白人风俗》,又有五亩为一双之定制。

苦心孤诣惠及民生

赛典赤将解决民生问题放在首位,在云南实行先民屯后军屯的方式。云南的军屯在赛典赤去世后也逐步开展。据宋濂《元史·兵志》记载,云南屯田达六万七千五百六十七双又一千二百五十顷,其中民屯约占三分之二,军屯约占三分之一。据宋濂《元史·志·食货》载,至泰定之初(1324年),云南省岁入粮数为二十七万七千七百一十九石,多于四川省的一十一万六千五百七十四石、辽阳省的七万二千六十六石、甘肃省的六万五百八十六石、陕西省的二十二万九千二十三石,成为名副其实的边陲江南。

民屯制的推广与实施,使广大无地农民耕者有其田,减轻了农民的负担,极大地促进了云南农业生产的发展,稳定了社会。同时,赛典赤将云南的屯租纳入国家统一的田赋系统,不仅规范了管理,而且增加了行省与国家的财政收入。

为民请命改良币制

自从朝廷实行钞法以后,云南的民众觉得新钞难于识别和计算,使用十分不方便。国家严厉的法令与云南民众的实际需求和习惯产生了严重的矛盾和冲突。赛典赤不唯上、不唯书,不畏王权,以民生为本,结合云南的实际情况,解决了中统钞与"叭币""盐币"在云南混合通行使用的棘手问题。

为民请命一片丹心

为了适应商品交换，加强财政统一管理，元朝建立了世界上最早的完全的纸币流通制度，是中国历史上第一个完全以纸币作为流通货币的朝代。据宋濂《元史·本纪·世祖》记载，早在中统三年（1262年）壬申，忽必烈命户部尚书刘肃专职钞法，并命赛典赤兼领。"每一贯同钞一两，每两贯同白银一两行用，永为定例，并无添减。"赛典赤正是大元帝国纸币流通制度的策划者之一。赛典赤深知统一税收和货币是国家统一管理经济的重要制度。忽必烈颁行通货政策，严格规定商品交易必须以中统钞为准，违者治罪以至处死。中统四年（1263年）五月，捕猎户达鲁花赤就因伪造钱钞而被处死。

大元统一云南之前，在自给自足小农经济条件下，云南民众主要采用以货易货原始的交换方式，后来长期用叭子和盐块两物作为货币使用，在滇南的车里地区还有用如半卵状的铜贝作为货币。"叭"是产自天竺（印度）的

云南古贝币

一种白色贝壳。

目前，在云南全省范围有大批考古发现。仅1955—1960年，在昆明市晋宁石寨山古墓中，就出土了14.9万多枚海贝，总重400余千克。1972年，在玉溪市江川李家山古墓中又发现海贝11.2万多枚，总重300余千克。据考古学年代测定，这些古墓的年代为春秋战国至西汉。因此，海贝流入云南的时间应在此时或此之前。此后，历汉、晋、南北朝、隋、唐、宋、元、明及清初，海贝均源源不断地大量流入云南。可见，海贝流入云南的持续时间长、数量大。这些大批流入的海贝从春秋战国起，直至明清之际云南"废贝行钱"，一直作为其主要的法定的货币，流通使用了两千余年，对云南经济社会发展影响深远。

浙江、福建、辽阳等沿海地区是以海水晒盐，产量极大，成本较低且流通方便。而云南只有黑井、磨黑、姚州、建昌等地盐民凿山洞取卤，再用柴薪烤熬制为岩盐。盐是民众不可或缺的日常用品，许多边远山寨的民众因为少盐缺碘而患上大脖

春秋战国时期云南动物搏斗铜贮贝器

子病,盐在云南省是稀缺之物,所以各地都把盐作为货币。有关以盐作为货币,自唐朝以来的云南志书中就有记载。如唐代樊绰《云南志》说:"颗盐一两二两,有交易即以颗计之。"元朝李京《云南志略·诸夷风俗》中说:"金齿百夷,交易五日一集,旦则妇人为市,日中男子为市,以毡布盐茶互相贸易。"李京作此书时约为大德五年(1301年),所记录的是滇西南地区的情况,从中可以看出在市场上毡布、盐、茶属于以物易物的交换形式,具有实物货币的功能。马可·波罗亦有类似的记载。在《建都州》中说:"其小货币则用盐……每八十盐块值金一萨觉,则萨觉当是盐之一定分量。其通行之小货币如此。"《土番州》说:"境内无纸币,而以盐为货币。"由此可见,当时云南不仅以贝、金银作为货币,而且也用盐作为货币使用。在与云南省较近的缅国掸邦以盐币做交易亦颇为风行。

民众把碎盐用于日常生活,而把盐块作为货币使用,但是一般的盐块不能作为货币使用,需要得到官府的认可。云南盐币的制作,通常是盐丁将盐水放在锅釜中煮沸浓缩,一个时辰后便成盐泥;然后再将半干半稀的盐泥放入木模中制成上凸下平的盐块,而后放在火炉内烘烤脱水,最后成为干硬的盐块;每块约重六两。盐块上盖有某地酋长或官吏的印记。在坝子里每八十块盐值金一萨觉,如果是在僻野的山寨比值更高,四五十盐块可值金一萨觉。

自从朝廷实行钞法以后,云南的民众觉得新钞难于识别和计算,使用十分不方便。国家严厉的法令与云南民众的实际需求和习惯产生了严重的矛盾和冲突。如果赛典赤严格按照朝廷的钞法律例执行，虽然保全了自身，但是却坑害了老百姓。如果违背朝廷的钞法，在云南强行使用叭币和盐币，朝廷将以此为口实，定你一个目无法纪、挑战王权、妄图建立独立王国之罪：轻则流放大漠，重则至死。赛典赤在参与制定钞法的时候，原以为它完美无缺、天衣无缝，可保天下货物流通、平抑物价；钞法推行后成效显著："艰得，一也；经费省，二也；银本常足不动，三也；伪造者少，四也；视钞重于金银，五也；日实不虚，六也；百货价平，七也。"殊不知泱泱中华地大广博、民族众多、习俗各异，地区经济社会发展不平衡，短时期内要一统币制尚难以实现。

　　赛典赤想起了亚圣孟子的名言："民为贵，社稷次之，君为轻。"居高位而不为民做主，无疑行尸走肉、尸位素餐，如果因为改革币制而获罪，罪在自己一人，即使前面是刀山火海也要闯，纵然是下地狱，自己也义无反顾！

　　冒着被治罪的风险为民请命，至元十三年（1276年），赛典赤经过深入细致的调查研究，将云南的实际情况和自己的建议上奏朝廷："哈剌章，云南边陲地也，山路险远，民居分散，贸易与中州不同，民众对朝廷钞法不甚熟悉，臣希望朝廷能够尊重云南旧俗，建议允许交钞和叭币、盐币在云南边地公私通用，庶为民便。"奏章还附有一钱金值八十索，即一千六百枚叭币、盐币与中统钞、黄金折纳的详细规则。

精心谋划改良币制

据宋濂《元史·本纪》记载，忽必烈同意了赛典赤建设性的意见。于是叭币和盐币可以作为辅币货币在云南市场上流通使用。云南赋税按黄金计算，用贝折纳。金、银是高级通货，每金一钱值贝子二十索，每索贝八十枚。

据宋濂《元史·食货·酒课》记载，全国十个行省（含腹里地区）向朝廷上缴的酒课中，其中九个行省都以中统钞锭上缴，仅有云南行省以叭币上缴叭二十万一千一百一十七索。

关于云南省使用叭币的情况，方国瑜主编的《云南地方史》中有详细的考证：晋宁区《盘龙庵碑》对至正十五年（1355年）到至正二十九年（1369年）期间的田地交易活动有详细的记载："至正十五年（1355年）十二月，用价中统钞一十定（锭），买到禾田三角，每年税谷二斗五升……至正二十年（1360年）十二月，用真钡三千五百索，买到禾地一双……至正二十九年（1369年），用价真钡一千六百卉，买到水田地三角……以上共用价钡一万七千五百索，买到田四双又十一角、又二己、又三乏。"以四亩一双计，盘龙庵购买的田，每亩约值钡六百五十索。明确记载了叭币在云南市场交易的情况。

赛典赤不唯上、不唯书，不畏王权，以民生为本，冒死为民请命，结合云南的实际情况，解决了中统钞与叭币、盐币在云南混合通行使用的棘手问题。

云南的盐币一直沿用到民国时期。历史学泰斗、云南大学教授方国瑜在云南南部澜沧县拉祜族聚居地裸黑山，曾目睹了当时市场交易的情景："1936年4月1日，自富永至蛮大寨。适值集市日期，凡交易先买盐块再以盐块议价购另物，每块横广才半，厚四分，凡三十枚重一斤，现银一元（值大洋五角）易十六枚。闻此俗在裸黑山各地通行。"盐块是普洱商人在磨黑盐井定做托运至此，按各地集市日期流动赶集，设摊于旁如通货发行局。而这种货币是日用生活必需品，得者随时食用，且不断发行，不至于通货膨胀。我国古代西藏把盐做成重半磅、带有君主印记的小饼，西藏商人带着它到山区部族或其他遥远的地方，交换黄金、麝香和其他工艺品。

元贞元年（1295年），意大利旅行家马可·波罗第一次来中国，回国之后向威尼斯总督汇报时，还展示了盖有元世祖忽必烈印记的珍贵盐币。无独有偶，在古罗马，官府付给的报酬不是金银钱币而是盐。如果一个军士在执行任务中工作懈怠，就会被认为不配得到盐，在发饷时就要被扣掉"薪金"——盐。英语和法语里"薪金"一词，是由拉丁语"盐"字转化而来的。英国的米德维奇、柴郡等盐区的人们把薪金通称为盐。"不配得到盐"在英语中一直沿用到今天，指在工作中不称职的人。古代非洲埃塞俄比亚人就曾把盐作为货币。官吏每月领的工资，是方形的盐块，在市场上拿几个小盐块，就可以买一条大鱼。古埃及人将煎好的盐倒入特定的模型里，制成刻有特别印记的小盐块，就可以在市场上当钱币流通。公元6世纪时，在撒哈拉地区，摩尔商常以一盎司的盐交换同等重量的黄金，威尼斯商人最早贩运盐到君士坦丁堡去换香料。古希腊历史学家希罗多德曾这样描写过："威尼斯光彩夺目的财宝，与其说来自香料的贸易，还不如说来自平凡的盐。"时至今日，在埃塞俄比亚的边远地区，十磅重面包状的盐块，仍作为货币使用。此是世界上关于盐作为货币的趣闻。

开发矿产发展经济

赛典赤经过考察，云南矿产富集，在云南行省倡导开矿，并做得风生水起、成效斐然。铜课为全国独有，金、银课额，云南省为全国各省之冠。银课约占全国二分之一，金课占全国三分之一，铁课占全国七分之一，云南早在七百多年前就已经是全国闻名遐迩的"金属王国"了。

开发矿产风生水起

解决了元钞与叭币、盐币在云南市场混合使用的难题以后,赛典赤心中仍然高兴不起来。几年来,行省减轻了民众的税负,虽然老百姓得到了实惠,但是仅仅依靠收取两成的农业税,长此以往,行省省府财政将寅吃卯粮,捉襟见肘。云南多年遭受兵匪之患,与西南接壤的缅国蠢蠢欲动,云南地况复杂,经常发生洪水、泥石流、地震等自然灾害,保境安民,守土有责,需要花费大量钱粮保证军队的实力。民生凋敝,救灾济民,百废待兴,需要重建资金。修建道路驿道需要资金。朝廷南下用兵,准备一举消灭南宋,正是大量耗费钱财之时,云南又岂能袖手旁观?巧妇难为无米之炊啊。提高民众税负,倒是可以聚敛部分钱粮完成朝廷之所需,但是云南新设行省,如果朝令夕改,将失信于民,更无异于饮鸩止渴,刚刚建立起来的民屯新法将毁于一旦。又一道绕不开、回避不了的难题摆在赛典赤的面前。

经过考察,云南矿产富集:产金之地主要是威楚、丽江、大理、金齿、临安、曲靖、元江、罗罗、会川、建昌、德昌、柏兴、乌撒、东川、乌蒙等地区。产铜之地主要是在大理、澄江等地区。产铁之地主要是在中庆、大理、金齿、临安、曲靖、澄江、罗罗、建昌等地区。如若能够将这些金、银、铜、铁矿开采出来,特别是经过冶炼加工再出售,一方面可以上缴朝廷,另一方面可充裕省府库银。

发展经济富民兴滇

赛典赤在云南行省倡导开矿,并做得风生水起,先后在临安、曲靖、元江、罗罗、会川、建昌、德昌、柏兴、乌撒、东川、乌蒙等地区开发矿产,成效斐然。据宋濂《元史·志·食货》记载:到至元十四年(1277年),云南诸路总纳金(即矿税)一百五锭。至天历元年(1328年)云南省岁课之数,金课为一百八十四锭一两九钱,银课为七百三十五锭三十四两三钱,铜课为二千三百八十斤,铁课为一十二万四千七百一斤。其中,铜课为全国独有,金、银课额,云南省为全国各省之冠。银课约占全国二分之一,金课占全国三分之一,铁课占全国七分之一。云南早在七百多年前就已经是全国闻名遐迩的"金属王国"了。

赛典赤治滇期间,为云南发展矿业奠定了基础,矿业成为云南省财政收入的重要来源。到清朝雍正年间(1723年至1735年),仅云南东川地区就兴建了三十一个铜矿厂,平均每年产铜八百至九百万斤。乾隆时(1736年至1795年),云南出铜每年达六七百万斤或八九百万斤,最多时达一千二三百万斤,"滇铜"成为誉满全国的名牌产品。据《清史稿·食货》记载:"滇省铜政,累叶程功,非他项矿产可比。"可见,"滇铜"在我国冶炼历史上的卓越贡献皆始于赛典赤治滇期间。

云南地处经济欠发达的边陲,行省兴办教育、筑路建站、推广先进农业技术、救济民众,特别是兴修大型水利工程都需要大量资金,史料没有明确记载共计开支多少、中央政府支持多少,但可以肯定不在少数,其巨额资金应该主要依赖开发矿业所积累的财源。

倡文兴教传播儒学

为使云南长治久安、改变云南文化落后状况，元朝统治者欲通过儒学教育系统化、普及化教化西南边陲的少数民族。赛典赤于中庆、大理两路设儒学提举司，在行省治所鄯阐城建文庙——既是纪念孔子、发扬儒学的圣地又是"庙学结合"、教化民众的讲习之所，在全省创立系统推广儒学之先河。

倡文兴教多元融合

元帝国横跨欧亚大陆，幅员辽阔，其疆土内种族十分繁多，随之使得元朝的宗教呈现多元化态势。朝廷对宗教管制较为宽松，甚至以优容之礼对待，如对僧人有免税免役特权。这种环境比较有利于宗教的传播与发展。在那个时期，佛教、道教、白莲教等都有较大的发展。东西方的商旅、教士来往频繁，自中东传来的伊斯兰教、犹太教，西方的基督教（景教和天主教）等教派的影响力也逐渐增加。由于元朝对境内各种宗教基本采取自由放任的态度，这为宗教的传播与发展创造了空前宽松的环境。

宋以后，中原佛教以禅宗为盛。忽必烈平大理后，鄯阐有名的高僧洪镜即赴中原学法，在中原一带居留二十五年，前后从当世大德四次学禅。回云南后，用白语讲经于鄯阐城郊的筇竹寺，以后禅宗在云南开始传播。同时，中原的禅僧也从内地来到云南。如大休，是临济宗义玄十六传弟子，袁州仰山寺雪岩的门徒，曾于至元十五年（1278年）来云南传播禅宗。云南的梁王也各有王师兼任宣政院所属的云南诸路释教都总统，管理云南的寺院。元代云南有许多供摩诃葛剌的神庙，传说是因南诏威成王尊信的缘故。摩诃葛剌是喇嘛教的护法神，即元人所谓"番僧所奉之神"，这种信仰反映了喇嘛教在云南的影响。

不仅佛教在云南盛行，道教、伊斯兰教也在云南不断传播。

道教在元代传入云南,据说是全真教的宋披云首先在滇东传播,在鄯阐建有龙泉观、长春观、真庆观等。

兀良合台、赛典赤入云南后,大批回回人从西北随同入滇,是为云南回族的主要来源,因而伊斯兰教也随之传入云南。随赛典赤来云南的撒马尔罕人马薛里吉思是景教徒(也里可温),在云南传播基督教。据《马可波罗行纪》中记载,押赤"城大而名贵,商工甚众。人有数种,有回教徒、偶像教徒及若干聂思脱里派之基督教徒"。鄯善城成为包容三教九流的新兴城市。

伊斯兰教是世界三大宗教之一,公元6世纪时产生于阿拉伯半岛,创立者是穆罕默德。"回回"曾泛指中亚、西亚信仰伊斯兰教的各民族。

在唐宋时期,有不少波斯人和阿拉伯人沿着丝绸之路来到中国经商。有的在泉州、扬州、西安等城市定居,在元朝以前他们始终保持着藩客(即侨民)的身份,还不是真正意义上的中国少数民族。蒙古人称中亚地区的波斯人为"撒儿塔兀勒"。契丹人早已将这个地区称为"回回大食部""回回国"。成吉思汗征讨花剌子模国,中亚地区,即西域的数以十万计的军队和工匠加入了蒙古人的队伍,其中相当一部分人随成吉思汗东归来到中国。这数十万被称为回回的波斯军匠就是中国回族的主要来源。之后,蒙古国颁布了《探马赤军随地入社与编民等》的法令,探马赤军是主要由回回人组成的"西域亲军",是成吉思汗的野战军。东来的波斯军匠随之参加到蒙古王朝的各种社会基层组织而成为"编民",在法律上正式取得了合法的身份,成为中国的臣民。蒙元时期的军事活动和政务调遣造成回回民族大分散、小集中的特点,清真寺则成为回回人社区活动的中心。

赛典赤对宗教事业十分重视,他自己是虔诚的穆斯林教徒。他想到许多入滇的回回人或仍然在军中服役,或解甲归田就地安家落户,总要有一个让他们举行礼拜(祈祷)、宗教功课、宗教教育、宣教活动、重大节日庆典的中心场所,这样才能保持传统的礼俗,增强族群的归属感和凝聚力。清真寺,回族俗称礼拜寺,是回回人施行宗教礼仪的重要场所,是凝聚民族精神的圣殿,是不可或缺的巨大的精神支柱。于是由他发起,号召穆斯林教徒共同集资,在鄯阐城兴建南城清真寺。关于鄯阐南城清真寺

昆明南城清真寺

的兴建年代有两种记载：其一，为唐贞观六年（632年）；其二，为始建于元代。今从其二。

南城清真寺坐落于鄯阐城大南门迤北，清真寺的外貌明显受佛教文化影响，展现出伊斯兰教文化与中国寺庙的建筑元素相融合，又别具特色的风格，整体建筑外形似展翅欲飞的凤凰。进了大门，天井中央是经籍亭，为一木结构正方形建筑，系单层歇山顶，四角出翘，周设围廊，木檐枋遍刻镂孔图案，小巧玲珑。正对亭子是五间礼拜大殿，两侧各有厢房五间。礼拜殿阔五楹、深三进，横列四大明柱，殿中央正门上悬"朝真殿"木匾。朝真殿为歇山顶厅堂建筑，中间顶梁柱仅有穿斗式边柱，格子门，门楹外设长型条凳，前殿作卷棚式顶，两侧粉墙绘麦加建筑图。殿两侧厢房系两层楼房，走廊前设木雕凭栏。除主建筑外，朝圣殿后有沐浴室，殿两侧有住宅、储藏室等。公元1996年清真寺重建时，朝真殿按编号拆卸迁往嵩明县梨花村，照原样恢复。

可惜到了清康熙初（1673—1677年），南城清真寺毁于兵燹，后由昆明地区的穆斯林教徒集资重建。清咸丰丙辰年（1856年），清军镇压云南回民起义血洗昆明时又被焚毁。光绪初年由临沅镇总兵官署、云南提督马如龙重修。

赛典赤是云南伊斯兰教的传播者、奠基人和开拓者。据明朝李元阳《云南通志》卷十三载："清真寺有二，一在崇正门内，一在正门外，俗呼礼拜寺，俱元平章赛典赤建。"相传，赛典赤所建立的清真寺仅在昆明市区就有十余座：南城清真寺、永宁清真寺、桃园清真寺、马家村清真寺、海口大村清真寺、海口小村清真寺、海口蒋凹村清真寺、金牛街清真寺、崇善街清真寺等。此外在大理、临安等地相继建立了清真寺，从而使伊斯兰教在云南扎根并如雨后春笋般迅速发展起来。

传播儒学传承文明

任何一个统治集团要想有效地治理国家，必须建立起有效的管理体系以维护正常的社会秩序。统一的意识形态和共同的价值观是其核心与精髓。

元朝的统治者并不仅仅是一群穷兵黩武的蛮夫，他们实行"民分四等"的政策，将蒙古人置于各等人之上的金字塔塔尖。但是以忽必烈为代表的统治者清醒地认识到，高贵的蒙古人在大中华毕竟只是少数，他们生存于以汉族为主的三等人、四等人的环境中。要使万民归顺、江山永固，必须寻找到一种思想的黏合剂，产生强有力的凝聚力与向心力。开国皇帝忽必烈是位精明的政治家，他周围有刘秉忠、许衡、姚枢、郝经、张文谦、窦默、赵璧等一大批优秀的汉族官员兼崇尚孔孟之道的理学家。这些人不仅帮助他分析治国之道，同时评析自汉朝以来"废黜百家，独尊儒术"的奥妙。不断向他讲解与灌输儒学的核心是"礼"，"礼"是体现统治者意志的规则，"三纲五常"将国家、君臣、家庭、个人之间，尊卑、长幼、男女之间的伦理道德关系规定得既等级森严、上下有别，又不失亲情。儒学不拘泥于维护某个朝代统治者的利益，而是治国的普世哲学思想，是建立统治秩序的准则，是禁锢天下大众的麻醉剂，因而受到历朝历代统治者的尊崇。

忽必烈早在藩地时就接受了智囊团的建议，确认儒学是凝聚百姓思想的最有力的工具。于是效仿历朝历代的做法崇奉儒学，册封孔子为"大成至圣文宣王"，并且推崇理学为官学。忽必烈巧妙地将蒙古文化与儒学结合，形成了"内蒙外儒"的思想体系。元朝推广儒学试图巩固政权，客观上亦起到传播先进文化、普及教育的积极作用。这对构建社会的封建伦理道德、促进各民族的文化心理同一性和中华民族文化认同感等方面均产生了巨大的作用。

为普及儒学，元朝在全国诸路设置儒学提举司，秩从五品，专门负责诸路、府、州、县学堂祭祀、教养、钱粮及学绩考核之事。

赛典赤自十岁来到内地，除了努力学习蒙古文字、熟悉国家法典外、经常接触一些汉族官员与孔孟理学家，还经常在燕京太极书院系统学习儒学。此后他在内地任官几十年，很懂得儒家学说对从政为官、从政为民的重要性。在燕京工作期间，赛典赤除主管财赋外，还按照忽必烈的令旨，负责增修文庙和兴办书院。忽必烈两次下旨命赛典赤、牙老瓦赤等众断事官增修文庙。中统三年（1262年）六月，作为燕京路总管的他奉旨出包银增修文庙一新；中统四年（1263年）五月，忽必烈再次下旨给赛典赤，重申道士退出文庙及霸占的土地,由在京儒生主领。赛典赤早在陕西任上就十分重视重修文庙、兴办学堂,曾经于至元七年(1270年)拨给木材、砖瓦等材料,命京兆府判官寇元德负责修建文庙一事,大约在至元十年(1273年)左右完成了对宣圣庙的重修工程。

儒家思想从东汉汉章帝时期就在云南开始传播。史料记载:"元和(公元84—86年)中,蜀郡王追为益州郡太守,政化尤优""始兴起学校,渐进其俗"。儒家思想中的"孝""仁""德"的观念已经开始在白族的上层人士中成为一种时尚,产生了一定的影响。儒学在唐、宋时期的大理白族地区虽有较大发展,但《云南志略》称士人"少知六经者","弟子不知读书",表明当地儒学教育并未系统化。

赛典赤想到为使云南长治久安,必须从传播内地文化着手,改变云南文化落后状况。"创建孔子庙明伦堂,购经史,授学田,由是文风稍兴。"通过儒学教育系统化、普及化教化使西南边陲的少数民族成为有知识的"天朝臣民"。

赛典赤于中庆、大理两路设儒学提举司。他要仿效在大都的做法,在行省治所鄯阐城建一座文庙,既是纪念孔子、发扬儒学的圣地,又是"庙学结合",教化民众的讲习之所,在全省创立系统推广儒学之先河。

鄯阐文庙于至元十三年(1276年)落成。建筑面积四十双(约五千五百平方米),设东、西两道大门,共有房屋五十三间，布局严谨大气，气势恢宏。文庙大门分左、中、右三格。中间一格，只有皇帝赐匾，或本省有人中状元才能打开通过，平时任何人只准走侧门。进了大门后就到棂星门，棂星是一颗星座，又称为天田星，意即尊孔必尊天。此门是一坊、四柱、三门花岗石建筑，下为蟠龙抱柱，制作精巧，栩栩如生。左右两门为礼门、义路。

昆明文庙

庙内古柏参天，沿着中轴线由北至南依次是崇圣祠、大成殿、大成门、八角亭。在中轴线东侧，形成平行的轴线，由北至南依次布置明伦堂、桂香楼、魁星阁。位于正中的"大成殿"气势典雅庄重，是文庙的核心。殿内供奉"大成至圣先师孔子神位"，牌位木龛由剑川的木匠大师雕刻而成，精美绝伦。孔子塑像朝南端坐，东西两侧有孟子等四贤和子路等十哲相伴，大殿对称两厢有孔子七十二弟子和历代名儒。

鄯阐文庙毁于元末，明朝黔宁王沐英重建，明末农民战争中被毁，后迁建于长春观。现在的昆明文庙于清康熙二十九年（1690年）迁建于此，此后历经乾隆、嘉庆一直到清末都有修葺。

一开始，文庙学生数量较少，连学长、官员都得亲自去"劝士人子弟以学"，后来发展到每期招收150名寒门学子，当地少数民族也将自己的子弟送到文庙学习，"虽爨僰亦遣子入学"，体现了孔子"有教无类"的办学思想。并于城外建社学，每年在一定时候率诸生去行祭孔礼，使人人都讲礼让，云南风俗逐渐改变。

赛典赤任命蜀士王荣午担任中庆路儒学提举，白人段文瑞担任中庆路儒学副提举，郝天举等人为教官。白人赵子元担任大理路儒学提举，一时名师荟萃于云南，自此滇省儒学大兴。

赛典赤卒后，原来拨给文庙的学田被大德寺占有。大德元年（1297年）忽辛由陕西行台御史中丞，改任云

昆明文庙大成殿

南行省右丞,得知道此事便据理力争,按旧籍将学田归还文庙,并继续倡导诸郡邑遍立庙学。建水文庙始建于至元二十二年(1285年),经历代四十多次扩建增修,建水文庙占地面积已达一百一十四亩,其现存规模、建筑水平和保存完好程度仅次于山东孔子家乡的曲阜孔庙和北京孔庙,在全国大型文庙中名列前茅。安宁州文庙始建于元成宗大德六年(1302年),由是云南文风大兴。

治水润滇泽被后世

在赛典赤亲力亲为策划和指挥下,宏大的治理滇池水患工程历时三年,于至元十五年(1278年)全部完成:"得壤地万余顷,皆为良田。"滇池周边地区田畴交错,一片富饶景象,宛如江南鱼米之乡。赛典赤是当之无愧的云南水利工程的奠基人和实践者。

整治六河治水润滇

　　水是生命之源,它维系着广袤大地之上众生万物的生命,是不可或缺的基本元素。水无常形,或浩瀚海洋,或奔腾长河,或涓涓细流,或碧波湖泊。水,给予人们舟楫灌溉之利,滋润世间万物茁壮成长。有了水,天地长久,就有了大千世界,就有了生命与希望,就有了生机、活力与灵性。水善利万物,所以老子说"上善若水"。然而,水无常量。冥冥之中的上苍掌控着宇宙间的万事万物,平常年份里风调雨顺、四海升平。但某时若老天爷心不遂意,便红日高悬,一年半载不降半点甘露于人间,河流干涸,田地龟裂;或顷刻间雷电轰鸣,风雨交加,山洪暴发,摧枯拉朽。此时过之而不及的水便成了洪水猛兽,便成了害民祸水。卑微如蚁的人们无奈仰天长叹:洪水无情。

　　鄯阐坝子北面、东面地势较高,由西至东南三面地势平坦,土地肥沃,气候温和,平时雨量丰沛,水网密布,大小河流数十条,水源充沛,历史上就是云南重要的农业经济区域。鄯阐"城际滇池,三面皆水"。滇池,又名昆明池,是云南九大高原湖泊之首,是镶嵌在红土地上的一颗璀璨的明珠。滇池是一个大型淡水湖泊,水域广阔,极望弥漫,烟波浩渺。故清朝名士孙髯翁在其大观楼长联中有"五百里滇池奔来眼底"之句。

昆明滇池

滇池的水位、水域面积、库容,唐朝为1890米、510.1平方千米、18.5亿立方米;元朝为1888.5米、410平方千米、17亿立方米;明朝为1888米、350平方千米、16.8亿立方米;现在为1887.4米、309.5平方千米、15.6亿立方米。元朝时期,高峣、石嘴、眠山、团山、梁家河、菱角塘、潘家湾、官渡直到石寨山麓、海口、昆阳城边均为滇池水域的一部分。

元朝昆明滇池水位

昆明滇池水位

据唐初《括地志》记载,滇池水源广深,往下逐渐变得浅狭,好似倒流,所以叫滇(颠)池。可见滇池很早就有湮塞不畅的问题。四周群山之水汇聚池中,唯一的排水口——昆阳州的海口又淤积严重。夏秋多雨造成上游盘龙江水遭受顶托,水位上涨无法下泄,淹没滨池农田。"极望弥漫、蛇龙所窟、吁天无从、民艰食粒"。晋宁"滇池之水,唐宋以前,不惟沿池数万亩膏腴之壤尽没于洪波巨浪之中,即城郭人民,俱有荡析之患"。鄯阐城中亦水患成灾。"夏潦暴至,必冒城郭";"水及城市,大田废弃,正途壅阻";"潢潦之水,泛入市坦,无田可种,无屋可居"。

滇池上游水源主要来自盘龙江、金汁河、宝象河、海源河、马料河、落龙河、捞鱼河等。

昆明盘龙江

盘龙江是鄯阐坝子最长的河流，全长二百四十余里，蜿蜒贯穿鄯阐南北。盘龙江发源于鄯阐东北部嵩明县的山麓，由邵甸河（今甸尾河）、牧羊河在汇流塘（今小河乡）汇合，然后向西南流动，迳城东，合银棱河，至昆明县南汇入滇池，后又流折入海口，即螳螂川（安宁河）上游。金棱河（今金汁河）自城东北分流盘龙江水，经桃园村、小坝、燕尾闸、六甲汇入滇池。宝象河自嵩明县入，向西南流经小石坝、鸳鸯沟，迳城南，亦入滇池。滇池湖水向北流经安宁州的螳螂川、禄劝县的普渡河最后归入金沙江。

盘龙江古时又称"云津堤"，至今，昆明市得胜桥西还有云津桥、云津市场。大理国国王段兴素曾经命人在沿江堤上栽种了大量的素馨花。素馨花，又名素英、耶悉茗花、野悉蜜、玉芙蓉、素馨针。春暖时节，素馨花雪白如银，芳香馥馥，当花瓣凋谢散落江面，犹如银波荡漾，所以盘龙江又称为"银棱河"。

盘龙江上大桥

平时的盘龙江清澈见底,两岸绿树成荫、温柔妩媚,灌溉浸润着鄯阐坝子万顷良田。河面舟楫穿梭往来,长久以来抚育着千万民众,与两岸人民的生产、生活、劳作息息相关,被誉为鄯阐的"母亲河"。然而,历史上的盘龙江又是一条"害河", 盘龙江流经山区,在松华山谷进入鄯阐坝子。上游江水湍急,挟带大量沙石,进入坝子后,流速减缓,沙石便沉淀下来。日久天长使河道宣泄不畅,堤防堕坏,河失主槽。每遇洪涝季节,河水常常冲决堤岸,泛滥肆虐横行,淹没农田村舍。使鄯阐坝子成为一片汪洋泽国,民众苦不堪言。

盘龙江洪水泛滥

鄯阐水利建设历史悠久,可以追溯到两千多年前的滇国。当时滇国已经逐步由游牧、渔猎进入农耕社会,农业已引用中小河流之水灌溉,当时滇池周围出现了"沃野千里"的景象。至新莽地皇二年,益州(郡治滇池县,今澄江县西）太守文齐为解决栽插时少雨缺水的问题，"造起陂池，开通灌溉，垦田二千余顷"，这是滇池水利开发的最早记载。建造陂池蓄水灌溉是鄯阐地区兴建小坝塘蓄水工程的开始。隋、唐时期建设小型引水水利工程；北宋开挖金汁河，引盘龙江水灌溉农田；唐代南诏设立拓东城；宋代大理国的鄯阐府选建于金汁河、盘龙江两水之间。但是历代治水不仅规模小，更缺乏系统性，因而水患时有发生。

赛典赤在至元元年（1264年）至至元七年（1270年），担任陕西五路西蜀四川行中书省平章政事时，就显现了治水的才能。据西安已故回族作者马士年《西安地区的回族》一文记述，至元元年（1264年）在他主持下，修复引龙首渠的水入长安城中，以利城中居民饮用，免除了当时居民饮咸井水之苦。由广济街西南流经梁家牌楼，白鹭湾后流出城外，汇通济渠，在城西北又分为隅公支渠数条；至元六年（1269年）春，他听从左右司郎中徐琰等人的建议，捐白银二十锭，修建灞河桥，"功始毕其长六百尺、广二十四尺，两堤隆峙，洞门十五，以泄水怒"。这是当时较大规模的水利工程，惠及当地民众。"长安之人曾勒碑以记其德。"但是治理鄯阐坝子水患，远非当年在西安修渠建桥那么简单，这是一项复杂庞大的系统工程，不仅流域面积大，还要兼顾蓄水、灌溉、疏浚三大功能，涉及规划、设计、施工、技术等层面的问题，还包括地质勘探、地形测量、陆地水文等前期工作，此外还有经费筹措与预算、民工组织、材料供应、后勤保障、工程质量监管、工程进度调控等方面事无巨细的管理工作。

赛典赤经过实际调查、周密思考，制定了治理滇池水系工程规划，计划分上、中、下三个阶段实施工程建设。

云南多山且遍布空穴溶洞，现代地质学称为喀斯特地貌，境内有泸西路的阿庐古洞、临安路的燕子洞、广南西路的坝美、路南州的石林等十六处大型溶洞。小型溶洞更是不胜枚举，仅省城昆明县就有圆通山的朝音洞、云津洞、太华山、玉案山等，鄯阐主城内溶洞之多，为中国其他省府所罕见，水库坝址、库区选择不好将功亏一篑，坝址要选择豁口小，这样便减少了工程量；库区需要库容大且不渗水的地方，实现蓄水量大的目的。赛典赤带领考察队由北向南翻越了刺梨山、寺山、狮山、老城墙、老白龙等十几座大山沟箐，勘察了刘家洞、老鸦冲、弯冲、芹菜

赛典赤主持修建松华坝水库

冲等地，经过反复考察，在上段，选择地质情况较好的鄯阐城北郊的凤岭和莲峰山之间箐口兴建松华坝，库区低凹宽广，主要用于拦蓄上游来水。一时间，大坝上人声鼎沸，凤鸣马嘶，车来人往，扬尘弥漫。入夜灯火通明，人影憧憧，号子声、打夯声、敲击声此起彼伏。人们把辛勤的汗水毫不吝啬地撒在泥土地，用坚实的脚印深深地烙上自己的期冀与责任。

在中段，扩修与松华坝水库配套的人工河——金汁河。此河原是大理国国王段兴素于公元1040年开建。该河起自松华坝底右侧，向西南经上坝村、竹园村、桃源村、龙头街、麦地村、大小羊肠村、菠萝村、小坝村、昙华寺、金马寺、董家湾、吴井桥，再往西转过日新村、小街子、双凤村、九甲等村落流入滇池，全长七十余里，埂宽一丈二尺。由于长久失修，部分河段损毁严重。对金汁河进行全面整修，并分盘龙江水入其中。在沿河一带建造金箔闸、小坝闸、桑园闸和燕尾闸等大小闸十座，涵洞三百六十个，以利"轮序放水，自上润下"。即将河段顺流分为头、二、三、四等排，然后自上而下，规定时间，顺序轮流放水，巧妙地避免了用水的矛盾，保证了河堤两岸之田均衡受水。在沿河两岸植柏树。又在"六河"上开挖了十二道分水支河、七十二条地下暗沟等辅助设施，用以分泄洪水。沿河除设置水闸外，尚有分流、调节水位、保护堤坝的分水闸、撇水大闸、小闸、泄水闸，同时还建有一种特殊的只渡水不渡人的桥——流沙桥。即在山水发时，金汁河东岸莲峰山上冲刷下来的泥沙,可流沙桥上送入西边相对宽阔的盘龙江冲走,而不至于堵塞金汁河的河床。这些设施经历代重修,至 20 世纪初尚在发挥作用。

为了解决盘龙江西岸至长虫山山脚一带坝子水低田高的不利自然条件,赛典赤又组织人力开筑与盘龙江、金汁河上游对称的另一条人工河——银汁河。此河比金汁河为短,源出自鄯阐北郊的黑龙潭,经长虫山余脉山脚蒜村、右营、岗头村、马村等乡村再从东南汇入盘龙江,全长二十余里,沿途分渠纵横,建有若干小闸、涵洞,依时启闭,使鄯阐北郊、盘龙江西岸农田多有受益。

赛典赤又组织人手治理了宝象河、马料河与海源河。

昆明盘龙江双龙桥

昆明盘龙江巡津桥

宝象河,源出鄯阐东郊的乌纳山西南小龙潭、板桥驿(今大板桥)黄龙潭和分水岭,三水汇合后向西南转西,经过百户村、大石坝、小石坝、小羊堡、季宜村、中营、宝丰村等注入滇池。沿途有东、西鸳鸯沟以及铁线沟、广济沟、杨柳沟、苍沟等,全长约一百里,用于灌溉鄯阐东南之田。

马料河,源出鄯阐乌纳山东南黄龙潭和白水潭,经过羊落堡万朔村、呈贡小古村、官渡小新村,在麻㦲村下分为两支。南支经过矣苴堡、回龙村;北支经过小新村、官锁村汇入滇池,全长约五十里。

海源河,源出鄯阐西北海源寺龙潭,该河向东南流淌的称东龙须沟,向西南流淌的称西龙须沟,两支又多有分支,分别由北而南,经过莲花塘、班庄、洪家营、梁家营、

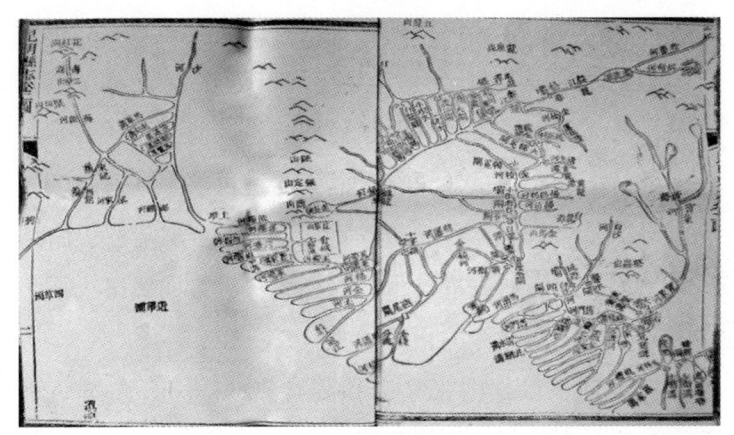

昆明六河图

黑林铺、黄土坡西南坝区汇入滇池,全长二十余里。

　　建设庞大的水利工程需要巨额资金,经查阅有关历史资料,并未发现朝廷给予云南省资金支持的记录,赛典赤从行省银库中拨出专项资金用于工程建设,实施"以工代赈"的方法,规定此次优先招募受灾家庭的劳力。一方面解决了灾民的生活问题,一方面解决了治水工程所需要的劳动力。安宁州、晋宁州等地的白族、彝族、汉族、回族、蒙古族等民众亦纷纷踊跃报名,招募了三千多民夫。

　　赛典赤着手建立了一支由三百六十匹报马、三百六十名看水士兵组成的巡逻队,进行工程管理。规定工程设施"倘遇崩倒水浸,即时飞报上司,挑补修竣,不容怠缓",这是云南在水利工程建设与管理方面的首次创举。

　　前面曾说到,至元八年(1271年)十一月,时任大理等处宣慰都元帅的宝合丁设宴将皇子忽哥赤毒死,自己篡位称云南王，张立道协助朝廷平息了宝合丁的叛乱。张立道返回大都后，于至元十年（1273年）领大司农事，中书省认为张立道长期在云南任职，熟悉情况，"奏受大理等处行巡劝农使，佩银符"。张立道再次来到云南。张立道可谓是个具有专业知识的官员，协助赛典赤在云南治理水患、推广农业先进技术、兴办教育等方面做出了重大的贡献，成为赛典赤的得力助手。

在滇池下段，由张立道和赛典赤的第三子忽辛负责疏浚海口至安宁州螳螂川工程。

螳螂川源于滇池西南面的出水口海口，自西下再往北流淌后，经中心街、六街子、石龙坝、黄螳等村寨河道变窄，入安宁境，再经富民、禄劝、东川汇入金沙江，全长五百余里。海口及其西河道因多年泥沙沉积，形成许多洲渚（河道中的小块陆地），沿途山箐多有沙石冲击成为障碍，影响滇池水正常排泄，是造成昆明水患的重要原因。

为了稳定控制滇池水位，张立道、忽辛依据赛典赤的计划，凿开海口河末梢的石龙坝，在海口中滩街旁滩岛上修建了三座节制闸，即"川"字闸，计二十一孔，做了"水钱儿"控制水位，合理解决了不同季节泄与蓄的问题。紧接着，张立道、忽辛带领三千民工日以继夜疏通海口及螳螂川，从老虎滩以下至小坝闸一段下挖河床三米，清除了石龙滩、青鱼滩、石龙坝一带及安宁段河道内的螺壳滩、鸡心滩的险滩河道。接着在容易引发泥石流的地段修建拦河堤，防止山石滚落河中。又在沿河建筑拦河坝七十余座

昆明市安宁境内螳螂川

引水入渠。张立道、忽辛两人制作了许多桔槔（古代一种利用杠杆原理制作的汲水设备，以木柱支撑，中横一杆，一端系一重物，另一端系水桶）以方便当地百姓提水。民众感念张立道和忽辛的治水功绩，在安宁州螳螂川和鄯阐城分别为两人建立了长生祠永世供奉。云南行省平章政事赛典赤将张立道等人在云南的政绩上报朝廷，朝廷传旨授张立道为中庆路总管，佩虎符以示褒奖，授忽辛为兵部郎中，其余人员皆有嘉奖。

大功毕成泽被后世

在赛典赤亲力亲为策划和指挥下，在全省白人、彝人、回回人、蒙古人、汉人各民众万众一心、不避艰险、夜以继日的努力下，宏大的治理水患工程历时三年，于至元十五年（1278年）全部完成，滇池水泄量大增，湖面下降，此前还是水潦的梁家河等地涸出良田一万多顷。"得壤地万余顷，皆为良田。"滇池周边地区田畴交错，一片富饶景象，宛如江南鱼米之乡。有的史籍上说滇池地区到了牛马成群、狗也吃肉、鱼虾多得可拿来肥田的地步。尽管此说可能有些夸张，但在一定程度反映了滇池地区当时生产生活改善的情况。

滇池流域治理工程的重大意义主要体现在三个方面：其一，为农业生产创造了良好的基础设施；其二，保证城乡人民群众生产、生活、商贸；其三，进一步巩固昆明作为全省政治、经济、文化中心的地位与作用,加快了云南社会文明的步伐。

虽然昔日松华坝的坝身已在 1958 年扩建时被埋入新大坝内,但是依然掩盖不了历史的辉煌!这项水利工程成为云南历史上规模宏大、功能完善、管理先进、至今仍在发挥作用的伟大工程,它为发展经济、稳定社会、促进民族团结奠定了坚守的基础。赛典赤是当之无愧的云南水利工程的奠基人和实践者。

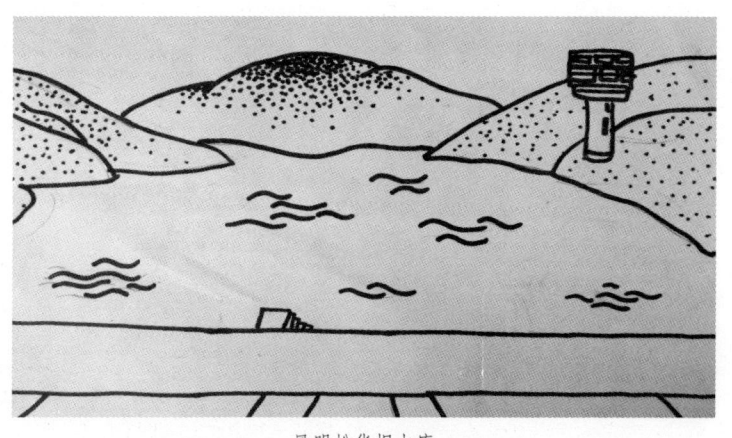

昆明松华坝水库

体恤民情作风朴实

赛典赤在入滇赴任前就对他不熟知的云南做了攻略:"求访知云南地理者,画其山川城郭、驿舍军屯、夷险远近。"在滇期间赛典赤经常深入广大农村山寨调查研究、体恤民情,初到大理便"下车莅政,风动神行,询父老诸生利国便民之要",充分体现了他亲民、爱民、体贴入微的情怀。

不耻下问作风朴实

赛典赤治滇期间做出的卓越贡献，与他经常深入广大农村山寨基层调查研究、体恤民情，以及他朴实严谨的工作作风分不开。他在入滇赴任前就对他不熟知的云南做了攻略："求访知云南地理者，画其山川城郭、驿舍军屯、夷险远近。"初到大理，便"下车莅政，风动神行，询父老诸生利国便民之要"。张洪《南夷书》记载了一个故事，广为流传，生动地体现了赛典赤亲民、爱民、体贴入微的情怀。

《南夷书》原文如下：

赛典赤为云南行省平章。赛公初下车，接见无虚日，虽以一壶浆，必笑而纳之，更厚其酬答。由是远近翕然俱来。赛公度其可与语，乃告其民曰："吾欲分尔耕，贷尔牛种、耒耜、蓑笠之具，度亩收若干？"夷曰："可得稻二石。"公说："输官几何？"夷曰："半之。"公曰："太重，后将不堪；其牛种、耒耜之具不复再给，牛死买牛，具敝修具，一家衣食所需，半岂能给？"夷曰："然则三之一。"赛公曰："尔虽可供，惧尔子孙弗继也；后之代我者，必欲盈其数，则上下相恶矣！吾与尔相约，尔毋我违：

亩输米二斗，其勿逋！"夷大悦。或请曰："租甚轻，惟道里远，弗克至，奈何？"赛公又询问其地之所宜，宜马则入马，宜牛则入牛，并与米值相当；不产牛马则以银。今之粮折牛马、粮折银是也。

用现代语言叙述：

赛典赤刚刚就任云南行省平章，便热情接待远近而来的老百姓，细心地听取民众关于民生的问题。

有一天，赛典赤问农民："如若给您田耕种，同时贷款给您购买牛种、农具，那一亩田可以收获多少稻谷啊？"

农民回答说："可得稻二石。"

赛典赤问道："那您觉得可以交多少租赋？"

农民回答说："可以上缴一半。"

赛典赤摇摇头说："上缴一半，那你们的负担太重了！如果牛死了需要再买，农具损坏了要修理，这些都需要花钱啊，还有您一家人日常生活都需要开支，您留下的一半怎么够呢？"

农民说："那就上缴三分之一吧。"

赛典赤说："即便是这样，您的负担还是过重。因为，您还要留存一些钱粮给您的子孙啊。现在我与您约定，每亩上缴米二斗。"

农民感动地说："那只相当于一成啊！"

赛典赤说："我们一旦约定，您可不要拖欠租赋啊！"

农民又说:"大人,租赋倒是减轻了,但是我们居住偏远,不便于缴纳米粮,这如何是好?"

赛典赤说:"您大可放心,适宜养马、养牛的地方则以牛马上缴,不产牛马的地方则以银。米粮折成牛马、粮米折成银就可以啊。"

农民大喜过望。

从这段生动的对话中,可以清晰地看出赛典赤发展农业生产的主要思路:一是分配土地给农民,使耕者有其田,解决农民所急需的基本生产资料;二是贷款给农民购买耕牛与农具,解决农民缺乏生产工具的问题;三是减租减税,减轻农民的负担,提高自我积累能力,便于扩大再生产;四是根据实际情况采取多样性的缴纳租税方式,"可用牛马、银或米粮缴租税",既保证行省有可靠的租税收入,又极大地方便了农民群众。

心心念念体恤民情

行省专门设置劝农官统辖农事,赛典赤下令设立义仓,贷给屯民优良种子、耕牛、农具等必需物品,制定了租赋约为原来租赋五分之一的政策。赛典赤在云南设立劝农官专司农业,"教民播种,为陂池以备水患"。大力推广种植粳稻、桑麻的农业先进技术,传授蚕桑饲养种植新技术,使"收利十倍于旧,云南之人由是益富庶"。这样的惠民政策与措施,激发了广大农民的生产积极性,云南农业生产水平得到迅速提升。

云南民族众多，普遍信仰原始的巫教，凡婚丧嫁娶、出门远行，事无大小都要用鸡骨卜吉凶。云南气候湿温、瘴气流行，普遍缺医少药，人若有病，则请巫师在路旁祭鬼驱魔除病。赛典赤深入调查了解百姓病苦，便筹划设惠民药局，由行省拨给元钞作为本金，而以利息采备常用药物，并选聘良医主持，依平进平出的原则制定药物价格，对于赤贫者则全部予以免除费用，老百姓感激万分。

又一个事例是，修改"禄劝"名称。部下原来上报的名称为"碌券"，爨人古称"洪农碌券"，意为罗婆部族统治下的平民百姓之地。心细如发的赛典赤认为：此称谓实在不雅，有轻蔑百姓的意思。便将"碌券"改为"禄劝"。元朝至元二十六年（1289年）设禄劝州，管辖易龙、石旧二县。后来明洪武十七年（1384年），先后撤易龙、石旧县并入禄劝州。禄劝作为地名一直沿用至今。

筑路设站便民利军

　　云南高山沟壑、大江纵横、交通阻隔,严重影响商旅活动与军队调动。赛典赤在滇期间,组织修筑了滇东道、滇西道(含滇西北道)、滇南道,不仅基本上解决境内交通闭塞的问题,同时极大地改变了云南与川、黔、桂以及邻国相互连通的状况。

励精图治筑路设站

云南处于云贵高原，区域内高山沟壑、大江纵横、交通阻隔，严重影响商旅活动与军队调动。赛典赤在滇期间，组织修筑了滇东道、滇西道（含滇西北道）、滇南道，不仅基本上解决境内交通闭塞的问题，同时极大地改变了云南与川、黔、桂以及中南半岛邻国相互连通的状况。为了通达边情、布宣号令、方便商旅，在各交通要道设置站赤。所谓站赤，即为兵站或驿站。站赤为来往信使和小规模军队提供食宿，是补充军需的中转站，同时也为过往客商提供条件。

据宋濂《元史·志·兵·站赤》记载，云南全省在罗罗斯宣慰司、武定路、中庆府、仁德府、曲靖路、乌撒宣慰司、乌蒙宣抚司、丽江路、大理路、威楚路、澄江路、临安路、广西路、普安路等地建立站赤七十八处，马站七十四处，配备马二千三百四十五匹、牛三十只。水站四处，配备船二十四只。赛典赤十分关心边远山区老百姓出入行走的安全问题，担心盗贼出没危及百姓生命与财产，便在这些地区设置专人负责管理治安，如果行人遭受抢劫，则管理者将受到严厉追责。"赛典赤又患山路险远，盗贼出没，为行者病，相地置镇，每镇设土酋吏一人、百夫长一人，往来者或值劫掠，则罪及之。"

劳力费心便民利军

在大理国的后期，自洱海东北经建昌（今西昌）通向内地的商道几乎濒于闭绝，自鄯阐经乌蒙（今昭通地区）以入成都的道路更是长期不通。云南行省建立后，赛典赤便命令爱鲁开通乌蒙道，同时设置建昌路的站赤。实施减轻商业税收的政策，使内地商人乐意到边疆少数民族地区进行贸易。至元二十四年（1287年）前后，马可波罗曾经来到云南，他所行走的道路，正是当时开通的从内地到边疆的驿道。马可波罗从大都出发，经冀宁路阳曲（今太原）、奉元路长安（今西安）等地入成都，再经建昌，南下渡过金沙江，至押池城，西行经哈剌章城（今大理），又西行至金齿州（今保山、德宏），出境至缅甸。归来时则自云南南部边境入阿木州（今开远市）北上，再过押池城，出乌蒙而经秃落蛮州（今昭通北、宜宾南部一带），入叙州（今宜宾），然后转回大都。《马可波罗游记》中记录了云南交通、城镇、商业等情况，内地商人贩运各种货物和携带银子到押池城、哈剌章城、永昌城交换金子而获得大利。通过驿道、站赤将押池城、哈剌章城、永昌城连接起来，形成全省从东到西商业交往大通道，同时带动了许多城镇和农村的集市贸易。

筑路设站的重要意义主要有三个方面：一是加强了云南与邻省及中原内地的联系与往来，为先进技术的引进、外地移民的进入、各民族的交往融合创造有利条件，有利于开展大规模商贸活动；二是加强了与邻邦及中南半岛国家的国际交流、商贸往来；三是遇有紧急情况，便于军队的调度与行动，有利于行省对各地进行有效管理，同时云南行省能够始终与中央政府保持密切的联系，加强了全国范围内政治上的统一。

彪炳千秋薪火相传

至元十六年（1279年）七月十三日，伟大的政治家、民族英雄、建省元勋赛典赤终因积劳成疾，病逝于鄯阐，享年六十九岁。赛典赤生前在滇期间，可谓殚精竭虑、鞠躬尽瘁。其后世人丁兴旺，在元朝鲜有如此显赫的名门望族，在赛典赤后人中，还有一位名震四海的伟大航海家、外交家、和平使者——郑和。

赤子之心名垂青史

赛典赤不顾身体患病,始终不忘初心,坚守职责带病坚持工作。

岁月如风。时间来到至元十六年(1279年),这是一个十分重要的日子。

这年,元朝大军攻陷临安(杭州),宋恭帝归降,南宋灭亡。忽必烈终于一统天下,实现了他梦想的宏图大业。大元帝国的疆域横跨欧亚,北到北冰洋沿岸(包括西伯利亚大部),南到南海,西南包括今西藏、云南,西北至今新疆东部、中西伯利亚,东北至外兴安岭(包括库页岛)、鄂霍次克海,总面积超过一千三百多万平方公里。

岁月如霜。作为云南行省的平章,赛典赤已在位六年了。年近七旬的赛典赤上马管军、下马管民,凡钱粮、屯田、水利、矿业、兵甲、兵站、军国重事,无不事必躬亲,事必亲为。他太劳累、太辛苦了,这一年的夏天,他心力交瘁,终于病倒了。其实,早在六年前忽必烈任命他为云南行省平章的时候,他就已经有病在身。当时本想婉拒皇上的任命,只是王命不可违,只好勉为其难。既然受命于危难,背负了责任,为了恪守誓约,就当鞠躬尽瘁、死而后已。

至元十六年(1279年)七月十三日,为伊斯兰教历的赖哲卜月(问候月),伟大的政治家、民族英雄、一代英杰赛典赤终因积劳成疾,病逝于鄂阐,享年六十九岁。按照元朝规定,官员七十岁可以致仕(即退休),距致仕仅差几个月的时间。是年为伊斯兰教历六七八年四月十二日。

土葬、速葬、薄葬是穆斯林的葬制和传统美德。土葬时不用棺木,而是将尸体直接埋入土中,尸位南北向,面朝西。人亡后要速葬,亡体停放一般不超过三天。薄葬,即在坟穴内不得有任何陪葬品。阴历七月十五日,赛典赤安葬在松华坝旁的马家庵村,永远地守护着他亲自策划指挥修建的松华坝水库,居高远望着他心中怀念的三迤大地的民众。

赛典赤陵墓简单得如其人品的真实写照。松柏环绕,低矮的围墙。坐北向南的墓用石砌成一个长方形平台,平立在宁静肃穆的绿茵中。墓高三米、宽五米、长九米,墓顶上平。赛典赤墓前的墓碑为云南省人民政府于1986年2月修葺时新立,上书"元咸阳王赛典赤之墓",是云南省重点历史文物保护单位。时至今日,每逢阴历七月十五日,分散在云南、陕西、宁夏等地的赛典赤的后人络绎不绝前来扫墓祭奠这位伟人。

位于昆明市北郊马家庵村的赛典赤墓碑

昆明市北郊马家庵村

鄯阐的百姓得知他们爱戴的平章大人去世，如丧考妣般的捶胸顿足、哀天叫地，痛哭连日，万人空巷。众商家全部关门闭户，歇业三日，以示哀悼。直至今日，人们还以诗文戏曲传唱其政绩功德。昆明大观楼催耕馆的怀古廊有一副追思赛典赤主政云南时期功绩的楹联："望祭曾传王给谏，治功追慕赛平章。"为纪念赛典赤，昆明人建庙于府城之南，每岁春秋致祭。明朝安宁人杨一清于成化二十一年（1485年）回云南祭扫祖茔，顺道前往昆明咸阳王庙拜谒，曾经留诗一首：

谒咸阳王庙

香火高城庙貌崇，邦人相对泣遗忠。
汉廷才望金车骑，唐代勋庸浑侍中。
地尽关山开禹迹，人于芜诵识华风。
车书又属文明运，犹有新碑记旧功。

杨一清将赛典赤与汉代和唐代为国家做出卓越贡献的少数民族金日䃅、浑瑊两位功臣一样倍加赞扬。

赛典赤逝世后，元世祖忽必烈亲自宣布："思赛典赤之功，诏云南省臣尽守赛典赤成规，不得辄改。"

元朝大德元年（1297年）朝廷追赠赛典赤为："守仁佐运安远济美功臣、太师、开府仪同三司、上柱国、咸阳王，谥忠惠。"所以，后世人又尊称赛典赤为"咸阳王"。

为了缅怀赛典赤治理云南的功绩，人们在昆明五里多修造赛典赤的衣冠冢"咸阳王陵",即现昆明市五里多小学前。五里多来自蒙古语"斡耳朵",意思是衙门和行营,因为元朝时梁王离宫在此,驻扎着蒙古军队而得名,后转化为五里多。并在昆明市三市街修立"忠爱坊"永世纪念,寓意赛典赤忠君爱民的崇高信仰与修为。

咸阳王陵因年久失修,民国元年(1912年)春,昆明保廷樑任职地方法制局,提出重修咸阳王陵的建议。经过六年的时间完成修建。"赛典赤纪念冢",系石砌长方形高冢,墓分三台,逐台渐小渐高。第三台高约八尺,长约七尺,顶为青石雕成的石瓦,墓体四面镶碑石。正、左、右三面皆有镌刻,正面系云南督军兼靖国联军总司令唐继尧题额、袁嘉谷楷书的汉文"元咸阳王赡思丁墓"八字,分四行直书。左右两侧,右面刻有袁嘉谷撰书的《重修咸阳王陵记》,左面则是袁丕钧楷书的《元史·列传·赛典赤》的节选,墓后刻有阿拉伯文。

位于昆明市五里多的赛典赤衣冠冢

位于昆明市五里多的赛典赤衣冠冢

清朝末期,云南临安府石屏人、经济科状元袁嘉谷任民国云南省公署参赞,于民国六年(1917年)八月一日撰文《重修咸阳王陵记》:

历庄蹻开滇以后二千年,迄于今日,滇之声名文物,与中州(中原)同彪炳者,谁之功欤?曰:惟元咸阳王之功!王治滇六年心滇之心、事滇之事。至元十六年卒于滇,葬鄯阐北门,距今会城东南十里,而近滇之人思慕,于王瞻拜。凭眺往往悲哀陵下不忍去。盖七百年如一日矣……考《元史·列传》,王葬之日,百姓巷哭。交趾王使十二人,齐经为文致祭,哀号震野。当日之盛可知。

其大意为：自从庄蹻开滇以后两千多年，直至今日，云南闻名遐迩能够与中原内地共同彪炳历史，是谁的功劳？是元朝咸阳王赛典赤的功劳。云南行省平章政事赛典赤治滇六年，心系滇省，拨乱反正，殚精竭虑，亲力亲为。至元十六年（1279年）卒于滇，葬在城东南十里的鄯阐北门。云南三迤民众时常思念，拜谒观瞻陵墓者络绎不绝，凭眺追思悲恸万分不忍离去，七百年如一日啊。据《元史·列传》记载，当年咸阳王赛典赤下葬之日，鄯阐城万人空巷，百姓巷哭。交趾王亲自撰写悼词，命十二人组成使团前来致祭，哀号震野。当日盛况空前的葬礼可想而知。

《咸阳王抚滇绩》载："功一时者，一时念其德；功万世者，万世念其德；功一方者，一方念其德；功天下者，天下念其德。"赛典赤为官一任，造福一方；临治一时，惠及长久，"故匕下感戴，声名泮溢"。元明善在《云南志略序》说：在赛典赤逝世后三十余年，"其民慕之如父母，畏之如神明"。

薪火相传后继有人

沧海桑田，白驹过隙。岁月流逝，赛典赤的后人始终没有忘记"忠君爱民"的祖训，薪火相传，承前启后，继续完成赛典赤的未竟事业，演绎着历史的精彩华章，为后世留下了浓墨重彩的一笔。

赛典赤后世人丁兴旺,有五子二十三孙植根神州,共创中华文明。祖孙三代二十九人中,进入《元史》的有十五人,包括中书省首席平章政事二人,平章政事一人,太常礼仪院史一人,行省宰辅五人,道、路、宣抚使、元帅六人,曾经在中书省和六个行省任职,在元朝鲜有如此显赫的名门望族,其后人多与云南有密切关系。

赛典赤的长子纳速剌丁,继承其父遗志治滇,安抚云南少数民族,为巩固西南疆土业绩卓著。累官云南行省断事官、云南诸路宣慰使、都元帅,秩从二品。至元十六年(1279年),迁帅大理,招安金齿、蒲、曲蜡、缅国三百寨,定租税,置邮传,立卫兵。并以十二头驯象入贡朝廷,忽必烈皇帝有旨赏金五十两、衣二袭,纳速剌丁将赏金全部分发给麾下兵士,自己分毫不取、一钱未留。

其父卒后,纳速剌丁于至元十七年(1280年)迁云南行省左丞,升任右丞。至元二十一年(1284年),晋升云南行省平章政事。在滇期间,继承其父治滇政策推行新政,巩固了其父改革成果。

纳速剌丁后裔散居全国各地,以云南、陕甘为多。此后,为适应中国人"有名有姓"的习俗,其后裔将他的名字纳速剌丁四字拆开为"纳""速""剌""丁"以为姓氏,这便是这四个族群姓氏的由来。

纳速剌丁的长子伯颜在元朝是个显赫一时的人物,地位与祖父赛典赤比肩。伯颜,原名阿不别克儿,忽必烈赐以伯颜平章之号。"伯颜"是蒙古名,元代时蒙古人是最高统治民族，皇帝忽必烈以蒙古名赐予原是色目人的阿不别克儿，足见对其高度的赏识。至元二十九年（1292年）官泉州，旋为河南江北行省平章，忽必烈颇欣赏其理财才能，擢为中书平章，位为众平章之上。伯颜不仅举手投足、神形皆似赛典赤，更具有其祖父的大家风范和管理才能，忽必烈呼之为赛典赤平章。此后，即与梁德圭（梁暗都剌）秉政达十一年之久。忽必烈早在至元十年（1273年），就正式册立太子真金为皇太子。至元二十二年（1285年）十二月真金病死，皇太子位空缺九年，久病在床的忽必烈把皇位授予孙子铁穆尔合罕。忽必烈降旨由伯颜主持册立铁穆耳为太子。至元三十一年（1294年）正月，开国皇帝忽必烈驾崩，时年七十九岁；自至元元年算起，在位三十一年。铁穆耳即位，是为成宗，在新旧交替过程中，伯颜起到关键作用。成宗即位后，伯颜继续担任中书平章政事。大德十一年（1307年）成宗卒后，伯颜因为支持忽必烈第三子安西王忙哥剌之子阿难答夺取帝位失败被杀，可叹一代名相竟成为宫廷争权夺利的牺牲品。

赛典赤的次子哈散，历平安路同知、中奉大夫、广东道宣慰使都元帅，秩从二品。

在灿若星河的赛典赤家族中，三子忽辛颇具传奇色彩。至元初忽辛入宿卫，天资聪明，善于应对，深得世祖忽必烈赏识。至元十四年（1277年），授兵部郎中。至元十五年（1278年），出任河南宣慰司同知。至元二十一年（1284年），任云南诸路转运使。至元二十二年（1285年），转陕西道。至元二十三年（1286年），授燕南河北道宣慰司同知。至元三十年（1293年），授两浙盐运使等。大德八年（1304年），出任四川行省左丞。大德九年（1305年）后，进江东道宣慰使，改陕西行台御史中丞，再改云南行省右丞。至大元年（1308年），拜荣禄大夫、江西行省平章政事。至大二年（1309年），因母亲啊沙塔里酥逝世悲痛欲绝，因而辞官归家疗养，不想第二年的至大三年（1310年）正月去世。天历元年（1328年），被元文宗皇帝图帖睦尔追赠为守德宣惠敏政功臣、上柱国、雍国公，谥忠简。忽辛有二子：伯杭，中庆路达鲁花赤；曲列，湖南道宣慰使。

忽辛在滇期间，革除病民之政，重建庙学，保护农田，改善与缅国关系，说服诸部落缴纳租赋，使云南社会再次安定。

忽辛继承父亲遗志，出任河南等路宣慰同知时，不费一兵一卒，凭借宽厚任爱的胸襟气度，招安了抢劫杀人、骚扰百姓的强盗。使山林中的土匪相继前来归顺，弃旧图新，成为良民，保障了当地正常的生产生活秩序和人民生命安全。

忽辛任云南行省右承时，广南头人沙奴顽固不化，不归顺朝廷，忽辛设计从头人手中夺回宋朝皇帝所赠金印。绍国国主凭借手中掌握强大军队，不顺从元朝，忽辛前去以礼规劝，使绍国国主前来降顺朝廷，促进了民族团结。

云南一些边远地区的租税，以往每年都要出动军队催收才能收得起来。忽辛发出布告，对各部落讲明利害关系，不派一兵一卒催收，而租赋都收足了。与其父赛典赤安抚云南叛乱部族表现出的胸襟气度、做法何其相似。

忽辛不畏险阻，直接与云南宗王府交锋，对宗王坑害百姓的种种错误做法进行"革新"。他按朝廷规定的编制定员，将为了躲避徭役跑到王府充当警卫的编外人员统统遣散回家，名正言顺地把王府的卫队消减了三分之二的人数。除掉带头反叛朝廷的马龙州头目，巩固了西南安宁。检查军需仓库，采取轮番供应办法，杜绝了官员相互攀附，狼狈为奸侵吞国家钱财的现象。

梁王镇守云南，子孙世袭，每年受贡马达二千五百匹。王府畜马多，全部放在城郊牧放，侵食民众的庄稼。忽辛下令圈定地点设置草场，让王府牧马人员有固定住所，制止了王府的马匹散落郊外，毁坏群众庄稼；牧马人在老百姓家吃住，骚扰百姓、民无宁日的事情发生。

忽辛根据其父生前拨给中庆路庙学的田户契文所记录数目，把大德寺（今昆明双塔寺）抢占去的作为学校基金的校田夺回还给学校。忽辛并且下指令，要求每州县普遍设立学校教育机关，选拔有相当文化程度的人员担任教官；促进了文化教育，提高了人民的文化素质。

元朝的藩属国有高丽、缅甸、安南、占城、爪哇及钦察汗国、察合台汗国、与伊儿汗国等国。北有漠北诸部、南有南洋诸国、西有四大汗国。其中有两个直属的藩属国，即高丽王朝与缅甸蒲甘王朝，元朝曾经分别建立征东行省与缅中行省。大德五年（1301年），缅甸国主长期不向朝廷纳贡，忽辛遣人入缅，送上一封信："我是老赛典赤平章之子也，时刻谨遵先父遗训，若以往本省在与贵国交往中有做得不妥当的地方，我将加以改善；但是作为大元帝国的藩属国，你亦应按'三年一贡'的誓约行事。"缅甸国主感佩万千，当即付书曰："我方失礼在先，而忽辛平章却并未倚强凌弱，以理服人，实有老赛典赤平章之遗风。"便与使者一同从千里之外来到鄯阐，亲自诚恳赔礼道歉。又前往大都觐见铁穆耳皇帝，并献上一头白象，缅甸国主说："此象古来所未有，今圣德所致，敢效方物。"铁穆耳皇帝大悦，赐缅国主以世子之号。

赛典赤的四子苫速丁兀默里，历官建昌路总管、淮东道宣慰使，秩从二品。

赛典赤的五子马速忽，历官云南宣慰使，秩从二品、云南行省平章政事。

值得一提的是，在赛典赤后世中，还有一位名震四海的伟大航海家、外交家、和平使者——郑和。

赛典赤之孙，纳速剌丁之子伯颜（阿不别克儿），授荣禄大夫、晋封尚书、平章政事、淮王。育有三子，长子米的纳、次子赛曲列散尔班丁、三子赛木马儿。长子米的纳始封滇阳侯。米的纳育有三子，长子米里金，次子砂的奴，三子蜜鲁丁。米里金即郑和之父，授云南行省参知政事，袭封滇阳侯，即在昆阳镇宝山乡和代村住家，这便是郑和为昆阳人的来由。由于郑和之祖父与父亲都朝觐过伊斯兰教圣地麦加克尔白清真寺，按照伊斯兰教的习惯，人们尊称他们为"哈只""马哈只"。

邱树生主编《中国回族史》称郑和为赛典赤四子苫速丁兀默里的五世孙有误。

郑和约在元朝末期，洪武四年（1371年）生于云南昆明。本姓马，马姓来源于中文对穆罕默德的译音，取名为三保或三宝。

洪武十四年（1381年）九月初一，朱元璋命颍川侯傅友德为征南将军、永昌侯蓝玉为左副将军、西平侯沐英为右副将军，统兵三十万征讨云南。马三宝先遭丧父，继而与被俘的蒙元兵士、家眷等远离家乡一同解往南京；后强遭阉割，成为皇宫的一名小太监，时年仅十二岁。洪武二十三年（1390年），燕王朱棣授封北平，马三宝被分发到燕王府服役。此后，其追随朱棣屡立战功，永乐二年（1404年），夺得皇位的朱棣御赐其姓郑，并擢升为内宫监太监，旋升司礼监掌印太监，故有三保太监或三宝太监之称，马和就改称郑和。

永乐三年（1405年）以后，三十四岁的郑和奉成祖朱棣之命，先后七次率领大型舰船出海远航，遍历亚非三十余个国家与地区，比葡萄牙人乘船绕过非洲抵达东印度早一百年。宣宗宣德五年（1430年）元月，郑和最后一次出海。宣宗宣德九年（1434年），在返回途经古里（今印度马拉巴海岸科泽科德）时病逝，享年六十三岁。据邱树生主编《中国回族史》说，遗体可能安葬在古里。

到了近代，赛典赤的后人也是人才辈出，值得人们敬仰。其中，较为杰出者如：赛典赤的第十五世孙马注，是清代中国伊斯兰教四大学者之一。马毓宝，曾经参加第一次世界大战，赴前线对德作战，英勇善战，荣获法国国家十字勋章；后来战死沙场，成为第一个在第一次世界大战牺牲的中国人，孙中山先生亲书"黄胄光荣"挽联。马登云，云南回族第一代共产党员；积极从事学生和农民运动，任云南第一个共青团组织委员，为云南共青团组织的发展奠定了基础，1929年被国民党杀害。

附　录

附录一：赛典赤家谱

```
                          ┌── 米里金
              ┌── 米的纳 ──┼── 砂的奴
              │           └── 蜜鲁丁
       伯颜 ──┤
              │   赛曲列散尔班丁
              └── 赛木马儿

                  赛黑黑
                  赛生故
                  赛拜杭
                  赤喇马丹
                  泥雅斯拉丁
                  赛咬住
       乌马尔 ── 赛蜜里威失
                  赛木八喇
                  赛马哈谋
                  赛列失（也列失）
纳速剌丁 ──     赛和善
                  赛哈八失
                  赛驴驴
                  赛啰哩迷
```

```
                   ┌─ 阿立普舍
                   ├─ 剖法儿
                   ├─ 忽先
                   ├─ 哈辛
                   ├─ 砂的查尔丁
      ┌─ 赛典赤 ─┤─ 阿容
      │            ├─ 伯颜查儿
      │            ├─ 穆訾贴儿
      │            ├─ 月鲁贴睦儿
      │            └─ 阿利
      │
      │            ┌─ 贴力威失
      ├─ 哈散 ────┤
      │            └─ 亦速甫
苦马鲁丁─┤
      │            ┌─ 伯杭
      ├─ 忽辛 ────┤
      │            └─ 曲列
      │
      │               ┌─ 马哈只
      │               ├─ 以速铺
      │               ├─ 八木儿砂
      │               ├─ 砂不丁
      └─ 苦剌丁兀墨里─┤─ 舍里伍苏满
                      ├─ 教化的
                      ├─ 怯烈
                      └─ 米儿威失利

                                ┌─ 赛撒度罗－怯黎
           马速忽 ── 法虎鲁丁 ──┤─ 赛尔拾迪
                                ├─ 赛蜜里钦
                                └─ 赛牙胡帖木儿
```

附录二：元朝云南行省所设的路、府、州、县

设路二十三：

1. 中庆路（驻鄯阐城，今昆明市），管辖三县四州：昆明县、富民县、宜良县；嵩明州、昆阳州、晋宁州、安宁州。

2. 威楚、开南等路（驻今楚雄），管辖二县四州：威楚县、定远县；镇南州、安南州、开南州、威远州。

3. 东川路。

4. 孟杰路。

5. 普安路。

6. 澄江路，管辖三县二州：河阳县、江川县、阳宗县、新兴州（今玉溪市）、路南州（今石林县）。

7. 普定路。

8. 建昌路。管辖一县九州：中县、建安州、永宁州、泸州、礼州、里州、阔州、邛部州、隆州、姜州。

9. 会川路。管辖四州：武安州、黎溪州、永安州、会理州、麻龙州。

10. 临安路（驻今建水县）。管辖二县一千户三州：河西县、蒙自县、爨僰军千户所、建水州、石平州、宁州。

11. 广西路。管辖二州：师宗州、弥勒州。

12. 元江路。

13. 步日路。

14. 马笼路。
15. 柔远路。
16. 茫施路。
17. 镇康路。
18. 镇西路。
19. 平缅路。
20. 麓川路。
21. 蒙兀路。
22. 益良州。
23. 强州。

设府二：

1. 柏兴府。
2. 仁德府，管辖二县：为美县、归厚县。

设宣慰司八：

1. 曲靖等路宣慰司军民万户府（驻今曲靖），管辖一县五州：南宁县、陆凉州、越州、罗雄州、马龙州、沾益州。
2. 乌撒乌蒙宣慰司（驻今贵州省威宁县）。
3. 临安广西元江等处宣慰司兼管军万户府（驻今建水）。
4. 大理金齿宣慰司（驻今保山）。
5. 八百宣慰司（驻今泰国清迈）。

6. 银沙罗甸宣慰司（治今云南澜沧以北）。

7. 蒙庆宣慰司（驻今泰国昌盛）。

8. 邦牙宣慰司（驻今缅甸阿瓦）。

设宣慰司都元帅府一：

罗罗蒙庆等处宣慰司都元帅府（驻今四川省西昌县）。

设宣抚司三：

1. 大理金齿军民等处宣抚司（驻永昌，今保山）。

2. 广南西路宣抚司（驻今广南）。

3. 丽江路军民宣抚司（驻今丽江），管辖一府七州：北胜府、顺州、通安州、永宁州、通安州、兰州、宝山州、巨津州。

设军民总管府二十五：

1. 武定路军民府（驻今武定县），管辖二州二县：和曲州、禄劝州；易隆县、石旧县。

2. 鹤庆路军民府（驻今鹤庆），管辖剑川县。

3. 云远路军民总管府。

4. 彻里军民总管府。

5. 茫部路军民总管府。

6. 德昌路军民府，管辖四州：昌州、德州、威龙州、普济州

7. 大理路军民总管府。管辖一司一县二府五州：录

事司、太和县（原大理县）、永昌府（驻今保山）、腾冲府（今腾冲县）、邓川州（今洱源县邓川坝）、蒙化州（今巍山县）、赵州（今大理市凤仪镇）、姚州（今姚安县）、云南州。

8．蒙怜路军民府。

9．蒙莱路军民府。

10．木连路军民府。

11．蒙光路军民府（今属缅甸）。

12．木邦路军民府（今属缅甸）。

13．孟定路军民府。

14．谋粘路军民府。

15．南甸军民府。

16．六难路甸军民府。

17．陋麻和管民官。

18．云龙甸军民府。

19．缥甸军民府。

20．孟隆处军民府。

21．木朵路军民总管府。

22．金齿孟定各甸军民官。

23．孟爱等甸军民府。

24．通西军民总管府。

25．木来军民府。

主要参考文献

1. 宋濂：《元史》，中华书局2011年3月版。
2. 尤中：《中国西南民族史》，云南人民出版社1985年8月版。
3. 邱树森主编：《中国回族史》，宁夏人民出版社1996年12月版。
4. 方国瑜主编：《云南地方史讲义》，云南广播电视大学1983年12月版。
5. 严宏纲主编：《云南史志研究文选》，云南民族出版社2014年5月版。
6. 朱耀廷：《成吉思汗传》，人民出版社2004年9月版。
7. 田芳芳：《大元忽必烈》，安徽文艺出版社2013年1月版。
8. 吴光范：《昆明地名博览辞典》，云南人民出版社2005年1月版。
9. 纳为信：《赛典赤·赡思丁世家》，今日中国出版社1992年12月版。
10. 周峰越：《赛典赤·赡思丁治滇思想及其实践研究》，2011年10月云南大学博士研究生学位论文。

11. ［法］沙海昂（注），冯承钧译：《马可波罗行纪》，商务印书馆2012年6月版。

12. 方国瑜、缪鸾和：《云南郡县制度两千年》，载《历史问题研究》。

13. 罗养儒：《云南掌故》，云南人民出版社2002年2月版。

14. 尤中编著：《云南地方沿革史》，云南人民出版社1990年8月版。

15. 张昌由主编：《云南文化读本》，云南人民出版社2014年10月版。

16. 霍达：《穆斯林的葬礼》，北京十月文艺出版社1993年3月版。

17. 詹霖：《董家湾：拥抱穿越岁月的古老绿精灵》，2015年4月13日《都市时报》。

18. 范承勋、张毓碧修，谢俨纂：《云南府志·建设志·城池》，清康熙三十五年（1969年）刻本。

19. 云南日报理论部编：《云南文史博览》，云南人民出版社2003年7月版。

20. 余年生：《赛典赤传奇》，云南人民出版社2017年1月版。

后 记

　　元朝初期是云南发展的重要时期，政治、经济、军事、民生、文化，教育等百事待兴，还要正确处理与交趾、缅国、南掌等邻国的关系，云南面临转型发展的关键时刻。赛典赤临危受命，在云南主政六年创造了无数的奇迹，首创行省，勤勉于政，鼎新革故，兴利除弊，以德抚滇，睦邻安边，深入民间，调查研究，屯田为民，兴文重教，殖兴矿业，改良币制，治水润滇，为云南边疆稳定统一、经济社会发展和民族团结等各项事业发展，做出杰出贡献，最后献出自己的生命，对云南以后的发展奠定了基础，在红土高原谱写了一曲辉煌的历史篇章，铸造了永不磨灭的功勋。赛典赤逝世后，元世祖忽必烈亲自宣布"思赛典赤之功，诏云南省臣尽守赛典赤成规，不得辄改"。追忆起他的人品与政绩、不平凡的一生，不觉让人肃然起敬：做官、做人当如赛典赤。

　　日落月升、月缺月圆，一年三百六十五天，六年不过两千一百九十天，在历史的长河中只是瞬间的一丝涟漪、天际掠过的一片浮云、山间漂浮的一缕清风。在六年短暂的岁月里,扪心自问自己做了些什么。

或许这是个七百多年前的古老故事,过往的烟云尘埃已经散去,或许有人为了现代生活而疲于奔命的勤奋工作,或许有人醉生梦死、浑浑噩噩、虚掷人生;人们没有时间、没有精力、没有兴趣去回眸历史。在那个暴风骤雨的年代,人们高举以粮为纲的大旗,围海(滇池)造田;人们疯狂地捣毁了金马碧鸡坊、忠爱坊等"四旧"建筑。而今,人们又在重建的金马碧鸡坊、忠爱坊下点燃蜡烛,狂歌劲舞,尽情地享受圣诞节的快乐;人们穿梭于栉比鳞次的三市街,在商铺里为自己钟爱的人挑选情人节的礼物。

历尽万年沧桑巨变的红土地,进入了21世纪。

云南自2008年至2012年,连续四年大旱,许多地区田地龟裂,农业歉收,人畜饮水艰难。昆明是全国十四个严重缺水城市之一,也是全国省会城市中唯一限水供应的城市,滇池流域人均水资源量仅为二百七十立方米,是全球人均量的四十分之一、全国的十分之一、全省的二十五分之一。严重缺水已经危及农业生产,危及城镇化、工业化的发展和人民群众的生活,这已是不争之事。

饮水思源,赛典赤在云南主政期间,竭力主张大兴水利,亲力亲为兴建了云南第一座大型水库——松华坝,又疏浚盘龙江、金汁河、银汁河、宝象河、马料河、捞鱼河等六河,为的是防洪减灾灌溉农田。现在我们大力兴修清水河水库,引牛栏江水入昆明,却是为了抗旱保水，清洁滇池。七百多年来每个昆明人都喝着松花坝清甜的水，仅此一例，难道还不值得人们追忆与怀念他吗？

生于斯，长于斯，在红土地上生活的人，难道不应该抽出一丁点儿时间去回眸云南的历史，缅怀那些创造了云南历史的代表人物吗？

阅读赛典赤一生感佩万分，欣然写下《悼赛公典赤》以为追思：

> 公自西来，桂生高领，莲出淤泥，舍卫忘贵。
> 经营六十，克孝克忠，允文允武，达旦不息。
> 抚滇六载，百堵俱兴，仁心仁术，仁声仁闻。
> 大善之力，大爱无疆，怗然教义，文物斯盛。
> 忠君爱民，敬恭无失，素志弥坚，三迤昌平。
> 卓尔澄心，敝徒进贤，栖心圣孝，西顾无忧。
> 鞠躬尽瘁，山颓木坏，龙去潭空，鹤归林寂。
> 天子褒奖，公卿动色，百姓巷哭，呜呼哀哉！

感谢彭琳女士提供的宝贵资料，感谢余浚哲、余宗烨提供的图片与插图。